NA PO LUN

拿破仑的故事

王艳娥◎主编

榜样的力量

榜样的力量是无穷的，好的榜样能给我们积极的思想、正确的行为、良好的习惯、完善的人格。树立了榜样就等于找到了自己前行的方向。

榜样是无比强大的力量源泉。

北方妇女儿童出版社

图书在版编目（CIP）数据

拿破仑的故事 / 王艳娥编著. -- 长春：北方妇女儿童出版社，2010.3（2021.1重印）
（榜样的力量）
ISBN 978-7-5385-4471-8

Ⅰ.①拿… Ⅱ.①王… Ⅲ.①拿破仑，B.（1769～1821）—传记—少年读物 Ⅳ.①K835.655-49

中国版本图书馆CIP数据核字(2010)第045454号

拿破仑的故事

NAPOLUN DE GUSHI

出 版 人：刘 刚
责任编辑：张 力　刘聪聪　于 潇
开　　本：650mm×960mm　1/16
印　　张：12
字　　数：128千字
版　　次：2010年3月第1版
印　　次：2021年1月第6次印刷
印　　刷：三河市三佳印刷装订有限公司
出　　版：北方妇女儿童出版社
发　　行：北方妇女儿童出版社
地　　址：长春市福祉大路5788号
电　　话：总编办：0431-81629600

定　　价：33.80元

序言

“江山代有才人出”，在人类历史的长河中，涌现出一大批影响世界的风云人物。他们或者是杰出的政治家，凭着超乎常人的坚强毅力为国家和民族的前途引路；或者是卓越的科学家，为探索自然奥秘、改善人类生活而不懈努力……总之，他们由于在某一方面做出了杰出的贡献，已成为历史长河中的航标，引领着人类走向更加深邃的精神世界和更加精彩的物质世界。

这套丛书不仅告诉你名人成功的事实，更重要的是展示他们奋斗的历程，展现他们在失败和挫折中所表现出的杰出品质，从中我们可以吸取一些有益的精神元素。

这套丛书具有以下几个特点：

一是人物全面。本套丛书精心选取了从古至今全世界40位具有代表性的政治家、科学家、文学家、艺术家……这些人物均在各自的领域做出了卓越的贡献，对人类历史产生了重大影响，因此被广为传颂。

二是角度新颖。本套丛书不是简单地堆砌名人的材料，而是选取他们富有代表性或趣味性的故事，以点带面，从而折射出他们波澜壮阔、充满传奇的人生和多姿多彩、各具特点的个性。

三是篇幅适当。每篇传记约10万字，保证轻松阅读。本套丛书线索清晰、语言简洁、可读性强，用作学生的课外读物十分理想，不会加重他们的负担。

四是一书多用。本丛书是一部精彩的名人故事集锦，能够极大地开阔青少年的视野，同时还可以作为中小学生的写作素材库。

培根说：“用名人的事例激励孩子，胜过一切教育。”榜样的力量是无穷的，而名人是最好的榜样，向名人看齐，你将离成功更近！

人物导读

虽然人们都热爱和平，但是战争却不以人的意志而转移。纵然有很多人甘于平凡，但从心底里大多都崇拜英雄。

尤其是男孩，在成长过程中，多少都会被灌输一些竞争意识。确实，成人社会有其残酷的一面，就有弱肉强食的一面，尤其是商场和体育竞技场。在一个性别越来越不分明的社会，呼唤一下强者精神，找回那种对英雄的崇拜，是有一定的意义的。

因此，我们会把曹操称为“一代枭雄”，而不仅仅看成是奸臣而已。在人类文明的长河中，拿破仑或许是更为有名的战争英雄。有勇有谋可以说是对他恰当的注脚，永不服输是对他的精神的最好概括。

《拿破仑传》在西方社会几乎是每个小男孩的必读书。《拿破仑传》可以教会你如何成长为一个真正的男子汉。同时，在阅读的过程中你也会发现，一个总是在战斗的英雄，他的人生并不只是战斗这一个方面，其实他也是一个有血有肉的充满人情味的人。

读人物传记是为了了解别人的人生，但不是仅止于了解别人的人生而已。读了传记应该学会去在别人的人生里找到适合于自己人生的某些方面，取其优点融汇到自己的人生当中去。

我们没有办法模仿任何一个名人的人生，但每一个名人的传记都能教会我们人生某个方面的道理。通过读人物传记这种方式吸收到的人生道理，或许比你从别人口里听到的道理，领会起来要深刻一些。

CONTENTS 目录

第一章 一代枭雄的成长

第二章 征服欧洲的伟业

CONTENTS

第三章 英雄路的转折

第四章 悲壮的末路

第一章

一代枭雄的成长

- 雄狮出世
- 军事起航
- 永远的故事，科西嘉！
- 锋芒初露
- 婚姻大事

雄狮出世

1769年8月15日，科西嘉岛的阿雅克修城乌云翻滚。不久，一声高亢的婴儿哭声随着天边滚滚的巨雷从天而降。

◎科西嘉岛：科西嘉岛是地中海第四大岛。位于法兰西共和国大陆东南，南隔博尼法乔海峡与意大利撒丁岛相望。历史上曾属于意大利，1768年被法国占领，并入法国。

“上帝！这哪里是一个婴儿的哭声！简直是天神宙斯的喊叫，是狂狮在怒吼！”大家都议论纷纷。

这个婴儿的父亲卡尔洛·夏尔·波拿巴是一位律师，母亲莱蒂齐娅·波拿巴坚强而勤劳。她一生中共生了9个孩子，其中有5个在不满1岁的时候就夭折了。拿破仑是她生的第四个孩子，除了已不在世的，他排行老二。

科西嘉岛是一个人口很少的地中海岛屿，白色的沙滩，怪石嶙峋的山洞，斜卧在水中的礁石。远看崎岖不平的科西嘉岛，就像是从海底突然冒出水面的一座山峰，北面还伸出一个带骨节的手指头——科西嘉角，直指热诺里维耶尔。

拿破仑虽出生在一个人口多、生活并不算富裕的家庭，但其血统却很高贵。波拿巴世家最早可追溯到古意大利佛罗伦萨一个名叫威廉的反教皇派贵族身上。

这个威廉属于吉贝林派，他在与其对立的保教皇的古埃尔夫派的倾轧、争斗中失败，于是取姓为“波拿巴”，并逃到一个名叫萨尔察纳的地方避难，结果在那偏僻的地方扎根，使波拿巴家族得以延续下来。后来过了近三百年，一位

名叫弗兰西斯·波拿巴的人于1529年迁居到科西嘉岛，与意大利人的一个更为强悍的分支结上血缘关系，波拿巴家族从此在该岛繁衍下来。

拿破仑的父亲夏尔·波拿巴年轻时在罗马学过法律，回来后就成了当地有名的律师。夏尔在青年时代曾积极追随过岛上的民族首领保利，为了科西嘉赢得独立而战斗过。

因为科西嘉岛数百年来曾先后被地中海的霸主——迦太基人、罗马人、汪达尔人、比萨人以及热那亚共和国所统治。后来法国占领了该岛。科西嘉岛人民并不是那么容易屈服的。从18世纪上半叶开始，岛上人民就开始了反对热那亚占领者的民族独立运动。他们在科西嘉民族领袖保利的领导下，与热那亚人展开了不屈不挠的斗争。相比于用重金招募来大量雇佣兵的热那亚王国，科西嘉岛的战斗力量毕竟过于单薄。

◎热那亚：是意大利最大的商港，也是地中海沿岸仅次于马赛的第二大港。濒利古里亚海的热那亚湾。北面有利古里亚亚平宁山脉，但有一系列山隘可与波河平原相通。

科西嘉岛人民争取独立的斗争随着法国3万大军的侵入最后归于失败，保利带着340人逃向了英国。夏尔·波拿巴最终没有跟保利去，他接受了法国的赦免。法国当时提出，对一切承认法国统治权的科西嘉人予以赦免。夏尔带着妻子和幼儿约瑟夫回到阿雅克修，拿破仑就是在这时诞生的。

拿破仑的母亲莱蒂齐娅的祖先也出身于佛罗伦萨的贵族世家。不过，这个家庭迁居到科西嘉岛已有几个世纪。莱蒂

齐娅出生时家庭比较贫困，她在童年时没受过什么教育，又不会说法语，意大利语也说得不好。但她从小就吃苦耐劳，性格坚强刚毅，遇到困难坚韧不拔。

拿破仑这个名字是为了纪念夏尔在1767年牺牲的叔叔而取的，意为“荒野雄狮”。这个幼小的婴儿脑袋大大的，其“哇哇”的哭声冲破了雨幕。他的出生给夏尔夫妇带来了无限的欢乐。拿破仑的行为举止具有科西嘉人的典型特征，带着蛮力的机智勇敢、顽强不屈、吃苦耐劳等。还在婴儿时期，脑袋硕大、两腿粗壮的拿破仑就表现奇特，他不爱啼哭，也不多嬉笑，饿了渴了或者不舒服时，只是一个劲儿地手足乱舞，踢被蹬床，十分倔犟。

夏尔从这孩子的性格中看到了自己生命的延续。他对妻子莱蒂齐娅说：“他的脑袋里装满了智慧，他的有力

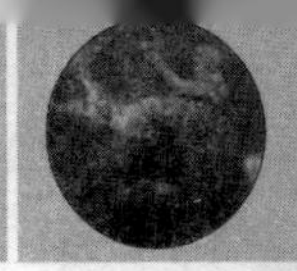

的双腿是他顶天立地的支柱，我们的儿子生来就是为拯救世界的！一定是的！”

到了四五岁时，个头小而长得结实粗壮的拿破仑，靠着生就的一副蛮力，常常和比他大一岁半的哥哥打架。小拿破仑还狡黠（xiá）多端，鬼点子多。

有一次他和哥哥约瑟夫同到奶奶家玩，奶奶烤了两块鲜美的肉饼给他俩吃，拿破仑望着令人垂涎的肉饼，眼珠一转，悄声附在哥哥耳边道：“约瑟夫，你猜奶奶还有三张肉饼藏在哪里？”约瑟夫摇摇头表示不解。拿破仑马上又神秘地说：“那几张肉饼放在厨房的碗柜里！”约瑟夫信以为真，赶忙到厨房去找。等他刚走，拿破仑便抓起桌上的两块肉饼吃了。

父母觉得这孩子颇具心机、足智多谋，对他刮目相看。父亲对他的顽皮抱以宽容的态度，也没有太多时间管他。唯有母亲对拿破仑要求很严格，见到拿破仑顽皮就予以训斥，有时犯了错还要打他。

小拿破仑生性固执顽皮，心中自有主张，做事我行我素，自小就显露出了军事组织才能。像其他男孩子一样，拿破仑喜欢和邻居孩子玩打仗的游戏，他每次都是组织者，自命元帅，把孩子们分成两队打仗。他自己挑实力弱小的一方指挥，在游戏中，他不只跟对方较量体力和威猛，更多的是凭智取胜。

拿破仑喜好征服别人，这种征服除了在武力上表现得比别人强外，在知识上他也力图超过别人。7岁时，拿破仑上学后，开始还有些冥（míng）顽不化，经常沉迷在贪玩打

斗中。后来，有一次约瑟夫说了一句刺激他的话，竟使他的性情大大转变了。那是一天上午，约瑟夫突然出了一道简单的数学题考他，拿破仑由于荒疏学业，一时答不上来。约瑟夫便讥讽说："喂，拿破仑，这么个简单的题都做不来，看来你只是比我勇敢罢了！"

拿破仑从这天起，不再贪玩打斗，开始下工夫学功课。母亲见到拿破仑的变化，感到非常欣喜，她又因势利导地教育他说："拿破仑，你现在明白了吗？一个人光有蛮力还不行，还要有知识，有志向。只有胸怀远大的志向又具备了扎实的知识的人才能征服别人，才能做一个真正的强者啊！"

军事启航

在这个风雨飘摇的海岛上，小拿破仑一天天长大了，转眼他已经在岛上度过了9个年头。于是夏尔把约瑟夫和拿破仑送到法国奥顿中学学习法语。拿破仑生长在科西嘉岛，法语基础极差，但他以科西嘉人永不服输的性格顽强地战胜了困难。3个月下来，尽管拿破仑讲起法语来还带有科西嘉口音，但对法语的基础知识已经可以熟练应用。

夏尔很了解他的儿子。约瑟夫聪明但胆小，想让他读文科，将来可以担任神职，而拿破仑则威猛不羁，最适宜当军官。经过大量努力，1779年5月，夏尔把拿破仑送进了布里埃纳军校，该校是法兰西贵族子弟跻（jī）身军界的必由之路。

原本，拿破仑的第一志愿是参加海军，但在母亲的劝阻

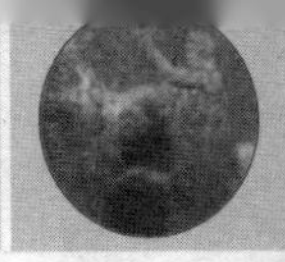

下，他最终改读炮兵职衔。而事实也证明，这个改变为其日后辉煌的军事生涯开启了一扇正确的大门。

当时在法国各地有12所这类皇家军校，专供贵族子弟接受预备役教育以获得军官委任状。各学校的录取名单由陆军大臣确立，行政上归教会管理。学生共有约100名，其中一半公费，一半自费，前者必须经过严格考试。公费生由王室开支，学制5年。学习科目很多，包括：写作、演说、法语、拉丁语、日尔曼语、历史、地理、数学、图画、舞蹈、剑术等。虽然看来不像个军校，仅是正式军校前的基础教育，但需要穿军装，校纪十分严格，五年学习期间，除非有很充分的理由，否则一律不准请假。拿破仑十分珍惜来之不易的公费学习机会，读书如饥似渴，成绩十分优秀，其中数学、历史、地理三门尤其突出，但由于其沉默寡言、秉性清高的性格，在学校的人际关系并不是很好，再加上略带科西嘉口音的法语和勉强被皇室“认可”的贵族身份，饱受同学们的歧视和压迫。

在生活方面，拿破仑也过得十分清苦。由于父亲的挥霍无度，家境的日益拮据，拿破仑

几乎没有一点零用钱，常常囊中羞涩。不过，这些不利条件也许能打倒一个意志薄弱的孩子，可对于年少的拿破仑来说，他绝不会为此而自暴自弃，反而会变得愈加坚强，学会了克服困难，积极面对。而在如何看待当时军校里蔓延着的放荡行为时，拿破仑更是嗤之以鼻，不肯随波逐流，始终保持着桀骜不驯的性格。

很快，五年的学习生活过去了，拿破仑已经成为了一位翩翩少年，学校给他的评语是："拿破仑·波拿巴，生于1769年8月15日，身高只有1.66米，体格强壮，生性直爽，思想敏捷。擅长数学，通晓地理、历史，音乐、绘画、舞蹈，可以成为一名出色的军官。"

1784年10月，拿破仑以优秀的成绩从布里埃纳军校毕业后升入了专门培养军官的巴黎皇家军事学院。穿上炮兵团的蓝色制服，拿破仑显得神采奕（yì）奕，意气风发。根据惯例，入伍后他先得接受10个星期的基本训练，先当列兵，后当下士，最后升为中士。拿破仑很喜欢这种训练方式，通过这种训练，可以让军官接触军队最底层的生活，了解士兵的生活习性和部队的种种细节，从而更好地指挥军队。

不过，拿破仑在这里仍旧遭到了自费生们的蔑视，他也承认自己与那些法国贵族里的傲慢之辈格格不入，任他们对自己冷嘲热讽，也要维护自己可爱的故乡——科西嘉，虽然，他已有五年没有回去了。

令人无法预料的是，转年2月，其父卡尔洛因患胃癌逝世了，这使本来就很窘迫的家庭陷入了更严重的经济危机。他不仅没有为家里留下分文，还由于生前以期得到政

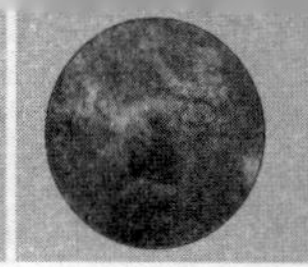

府的津贴，而借钱种植了大片桑树苗（当时法国政府很想在岛上发展养蚕业），结果，一无所获。母亲莱蒂齐娅不仅背负了近9000法郎的债务，同时，还要养活六个孩子，这可绝不是普通女人可以承受的，幸亏，她是一个坚强的女人。而哥哥约瑟夫也没有什么能力，还很懒惰，不愿意做神职，又没有在部队谋得一官半职，最后只得进入比萨大学学习法律。这样，拿破仑自觉承担起了整个家庭的重担。拿破仑没有像哥哥那样让母亲失望，他凭着自己的勤勉，在第一学年结束时就通过了全部考试课程，取得了一般学员要花费两三年时间才能被授予的军官资格。1785年9月，16岁的拿破仑和其它三位同学被一起任命为皇家炮兵少尉。其中一位叫马兹斯的与拿破仑的关系颇为要好；而那位叫菲力普斯的却与拿破仑势不两立，并在1799年的阿克围城战中击败过拿破仑。从这时起，一贫如洗的拿破仑终于有了收入，虽然年俸只有可怜的1120法郎，而他把大部分薪金都寄给了家里，自己只留下一小部分维持生活。他能够严格要求自己，不容许自己有任何一点额外的花销，比如娱乐、上酒馆等。他不与人交往，不想也不敢想进入上流社会的社交场合。

他在一个小书铺租了一间屋子，一有空就借老板的书来读，有时甚至到了废寝忘食的程度。他的求知欲异常强烈，认真地做笔记、写心得。阅读兴趣也很广泛，对军事、数学、地理、哲学等都普遍涉猎，对游记亦有独到的兴趣。他阅读了18世纪古典作家伏尔泰、卢梭等人的著作，并深受这些启蒙思想家的影响。作为一个16岁的少尉，他也喜欢浪漫主义的文学著作，歌德的《少年维特之烦恼》等作品经常放在他的枕边。不仅如此，他还读过拉辛、高乃依、莫里哀等人的作品。但这并不影响他对军事学的专注，尤其是研究炮兵学方面的论著。

服役一年之后，拿破仑终于被批准获得了半年的探亲假。1786年9月15日，他踏上了阿雅克修的码头，回到了阔别8年的家乡。在旧居，他热情地看望了母亲和弟妹们。最初的几星期，他陶醉在久别重逢的欢乐中，并常常漫步在怪石嶙峋的海岸之滨、郁郁葱葱的山谷之中。

当心绪平静之后，他开始考虑家庭大计。此时他家的生活已十分艰难。因为父亲生前从事本来就不可靠的投机生意，现在，如果法国政府不肯表示宽容大度的话，那么，这笔投机生意无疑会使他们倾家荡产。拿破仑非常希望能从法国财政部门索回他家应得的一笔钱。于是，他决定去巴黎索取法国政府原来答应的种桑树的津贴，同时，他又给炮兵团寄去了目前自己不宜服役的医生证明，并顺利得到了批准。1787年9月，拿破仑乘船前往巴黎。可是，在巴黎他到处活动求情，却没有取得任何进展。最后只得又回到科西嘉度过了半年时光，并在家乡搜集资料，准备编写一本《科西嘉历史》。

1788年6月，拿破仑休假结束又回到了炮团。该团此时已调至奥松驻防。在奥松期间他生了一次病，变得十分瘦弱。身体好转后，他便到炮兵学校上课。校长是泰伊将军，他对拿破仑早熟的才能极为赏识，主动点了他的名，并让他负责调查研究由长管炮发射爆破弹的方法。拿破仑因此也有

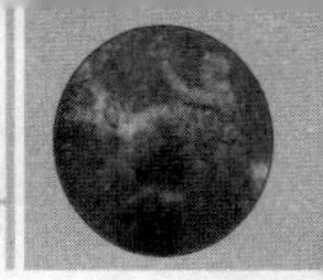

了机会和条件去学习本兵种中一切最新的战略技术。尽管他是团里最年轻的尉官。

除了执行公务，拿破仑还潜心自学，尤其喜读军事和政治方面的书籍。而每读一本书，他都会做笔记，至今，这些手稿还都保存完好。这些笔记涉及大量名著：比如孟德斯鸠、罗兰、马布利、米拉波、马蒙帖尔、比隆等人的作品。他研究了阿拉伯、土耳其、波斯、英国、瑞士的历史及欧洲乃至世界各国的地理。他对文学的兴趣也很浓，看过高乃依、拉辛、伏尔泰的剧本，还读过《德·科曼热伯爵》、《协斯蒂夫的同代女人》、《保罗与维吉妮》等小说。

拿破仑还常常写些有关炮兵的观测和报告。他曾向严厉而又和蔼的泰伊校长呈上一份关于炮弹射程的备忘录，其严密的逻辑性和计算的巧妙令将军喜出望外。

拿破仑的学识与才华正在不断地积累中显露锋芒。

永远的故乡，科西嘉！

1789年，法国的局势变得动荡起来。法国大革命使巴黎接二连三地发生了震撼全国的大事件。三级会议、第三等级奋起反抗君主政体、攻占巴士底狱，搅得人心激荡。此时，拿破仑十分关心科西嘉的前途。9月份乘动乱之际，他向上司请了6个月的长假，便匆匆返回阿雅克修。

一回到科西嘉，拿破仑便立刻投身于当地的政治活动

中，并效仿法国各地所做的，成立了国民自卫军，并起草了一份上呈巴黎国民议会的请愿书。11月30日，法国国民议会迫于社会压力的影响，通过了一项决议：允许1768年以来流亡在外的科西嘉岛的爱国志士们回到家乡并全面享受公民权利。这项措施并不能满足科西嘉人的民族意愿，结果，反对势力一哄而起。1790年4月，拿破仑假期已满，便又以身体不适为由续假到了10月份。这期间，他与其兄参加了召回老民族领袖——保利的群众运动。流亡在英国二十年的保利终于又回到科西嘉并掌握了岛上的军政大权。保利回来后，拿破仑拜访了他。

由于科西嘉一直处于动乱中，拿破仑又深陷当地的政治活动，所以直到1791年2月，他才带着弟弟路易回到了奥松团部。而之所以带着弟弟并承担对他的教育，完全是为了减轻母亲的负担。很快，在一场关于战术改革的革命中拿破仑提出了自己的军事想法，他力主在两军对垒之际，集中优势兵力对敌人发起猛烈突然的袭击。将军肯定和赞誉了拿破仑这一军事思想，很快他被破格提升为中尉。

为了和科西嘉保持联系，拿破仑又给保利写了一封信，信中请求保利帮他提供一些材料，以便使他完成那部关于科西嘉的著作。但保利回信拒绝了，他说没有时间打开箱子，也没有时间寻找文件资料，并告诫拿破仑：“历史不是在青年时代写成的。”保利的回信激怒了拿破仑，他将那部手稿藏在了箱底，但最终也没有完成它。

1791年秋，心系故土的拿破仑决定为科西嘉的独立而战斗，他费尽周折地请到三个月带薪长假，立刻带着弟弟回到

了家乡，一直到1792年5月。在此期间，他成功地在岛上的国民自卫军里当上了中校。然而，因为成功冲昏了头脑，导致他干了一些蠢事。4月8日复活节那天，拿破仑企图让自己所辖的国民自卫军占领阿雅克修城堡，但驻军顶住不干，当地居民也反对拿破仑这样干，可枪也开了，血也流了，保利派出代表强行使对方停火。拿破仑受到大多数岛民的谴责，保利也根本不承认他的官衔。紧接着，4月20日，法国立法会议向奥地利宣战，不久又向撒丁宣战。4月底，法军首次与奥地利军队交锋便一败涂地。法国政府这才意识到由于军队长期管理松散所造成的军官奇缺的严重局面。拿破仑确认这是一次难得的升迁机会，于是，急忙返回法国。到了巴黎之后，他加紧在各军事部门活动，消除了阿雅克修事件对他的不利影响；更为侥幸的是，就算他曾明目张胆地超假，官方也没有追究他的行为，于7月10日，把他派到第4炮兵团服役，并提升为上尉，晋升日期填为2月6日，全饷也从这天算起。而在当时，他还领着科西嘉自卫军中校的薪水呢！

在巴黎，拿破仑又碰上空前的大动荡。他亲眼在6月20日目睹了群众造反的场面。那一天，大约五六千个乱民涌进杜伊勒里宫，他看到国王路易十六出现在王宫的一扇窗前，面对造反的暴民无所适从。路易十六想以其基督教的宽容对待造反的暴民，这在拿破仑看来是极愚蠢的举动。此时他情不自禁地大嚷道：“笨蛋，怎么不用大炮轰倒五六百人，其余的不就跑光了吗！”

拿破仑在巴黎观望徘徊，想寻求机会进取，但他的内心仍挂着阿雅克修。恰巧，一件家务事为他请假提供了借口。

十五岁的妹妹艾丽莎此前一直在圣西尔专为淑女办的女子学校受教育，但该校现在已经关闭，再加上局势很不安全，他要把她送回科西嘉。于是9月15日拿破仑又回到了阿雅克修，并继续担任自卫军中校一职。

1793年1月21日，路易十六被处死。拿破仑与心目中的英雄保利在政治上发生了严重分歧。保利主张把科西嘉从法国占领下完全解放出来，并把英国政体的模式移植到科西嘉来；拿破仑则支持法国制宪议会的决议，拥护法国的民主政体。在保利回岛后，拿破仑还专程去拜访了他。两人发生了更加激烈的言语冲突。

这时，驻在科西嘉岛的法国志愿军与岛上的国民自卫军正准备联合进攻撒丁岛。拿破仑一回来，就受命指挥一营兵力配合攻岛战斗。但此次作战，由于指挥官科洛纳·塞沙里指挥失当和“拉福韦特”号军舰的海军不执行命令而失败。这次出征，对于保利也很不利。国民公会委派的特派员萨利塞蒂正要组织科西嘉的防御，以对付英国舰队的袭击。后来他们发现，保利已经成了反叛者。他长期在伦敦居住，会不会与英国人有勾结还不能肯定。这时，拿破仑的弟弟吕西安·波拿巴在土伦俱乐部告发了保利，揭露他是暴君和叛徒。俱乐部当即致函公会，公会马上发出对保利的逮捕令。

不明真相的农民手持武器誓死保卫保利。波拿巴一家对吕西安的疯狂举动惊慌失措。

吕西安却洋洋自得地写信给兄弟们：“我给我的敌人以致命的一击……你们是想象不到的！”波拿巴一家估计到保利人多势众，会来报复。果然，在拿破仑去巴斯提亚找萨

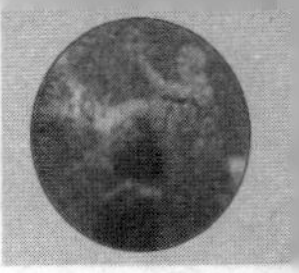

利塞蒂商议问题时，半路上被一帮保利分子包围住，他费了九牛二虎之力才连夜逃脱。当天晚上，他坐上一条小船逃跑，沿海岸绕了一段，然后上岸，骑马跑到巴斯提亚通知他母亲："你们准备走吧，这地方不是我们的安身之地。"莱蒂齐娅逃走的第二天，她在阿雅克修的房屋就被洗劫一空，烧为废墟。科尔特的议事大会声明波拿巴一家为卑鄙无耻之徒，宣布把他们永远驱逐出境。

从此，拿破仑和保利彻底决裂了。拿破仑说服萨利塞蒂带领四百多步兵和二十多名炮手，突袭阿雅克修，准备占领该城，但没有成功。最后，他不得不放弃故乡的事业，带着全家离开了科西嘉，登船逃往土伦，从此，与法国革命共前途同命运。

锋芒初露

1793年6月13日，身无分文的拿破仑一家抵达土伦。意想不到的是，当地雅各宾俱乐部成员热情欢迎了他们，并且帮助他们在马赛租到了房子，做暂居之所。其实，拿破仑很早之前便已是雅各宾派的拥护者。而没过几天，他便向当地炮兵指挥官报到。这位指挥官不是别人，正是他在奥松时

> ◎雅各宾俱乐部：法国大革命时期的资产阶级激进派团体，代表人物有罗伯斯庇（bi）尔、丹东、马拉等。他们主张推翻君主政体，建立资产阶级共和国。但他们取得政权后，由于实行恐怖统治，手段过于严厉，最终失败。

那位老校长的兄弟，所以，他很快就被派往地中海沿岸的岸防炮台，准备炽热弹以对付英国战舰。

由于国王路易十六在革命广场被处死，仇视法国革命的欧洲封建君主借口组织了反法联盟军，进攻法国；5月底，巴黎发生起义，政治家马拉在浴缸里被刺身亡；6月2日，8万名武装的巴黎平民打倒了倒行逆施的吉伦特派，代表中、小资产阶级的雅各宾派建立了革命专政；6月24日，雅各宾派政权通过了新宪法，残酷的政治恐怖笼罩了法国；8月，为了恢复波旁王朝的统治，盘踞土伦的王党分子发生叛乱，还引狼入室，允许反法联军的英国和西班牙舰队驶入土伦港；9月底，在土伦的外国军队已达1.4万余人。雅各宾派派出了两支军队，开始了土伦围攻战，但战事不顺，收复土伦的前景渺茫。

在这样的背景下，拿破仑以他的军事知识和锐利眼光很快就发现了战场局势的关键所在。他不是以消极地等待或执行上级命令为使命，而是以主动地参与投入、争取胜利为天职。他认为，攻克土伦要塞的关键是控制土伦内外两港的拉塞因半岛，如果法军攻占这个半岛上的小直布罗陀高地，那么，就能控制土伦内港的入口，并且迫使英国军舰在内外两侧无法立足。而离开英国军舰，则土伦的保王党不攻自破。因此，夺取小直布罗陀高地是法军攻击的重点。而要达此目的，必须攻克英国人在半岛根部朝内陆一面所构筑的坚固据点——马尔格雷夫堡，攻占了这个堡垒，全局就可以立即活起来。这样，全面进攻即变成了重点进攻，而炮兵在这场进攻中是可以发挥关键作用的。拿破仑毛遂自荐，建议改变原

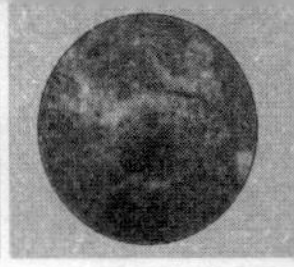

来的向心突击计划，改为集中所有炮兵向小直布罗陀高地发动重点进攻，并以步兵穿插相配合。

拿破仑的计划具有无可辩驳的优越性，他向特派员萨利塞蒂和加斯帕兰做了详细报告和说明，并获得了他们的支持，进而获得时任救国委员会主席的大罗伯斯庇尔的弟弟小罗伯斯庇尔的赞赏。由于有这些大人物的保举，所以尽管巴黎的一些门外汉轻率地斥责拿破仑的进攻计划为“一派胡言”，但最终还是被采纳了。救国委员会根据前线特派员的汇报撤掉了卡尔托的职务，改任老将迪戈米埃任前线司令官，加之前线的炮兵指挥官多马尔坦受了伤，另一个炮兵指挥杜特将军生病不能上阵地，于是根据前线特派员的举荐，拿破仑被任命为土伦前线的炮兵指挥。

拿破仑将前线所有的各种口径的大炮共一百多门统统搜集起来，在英军阵地的对面构筑了13个炮兵阵地，准备集中火力轰击英军堡垒。雅各宾军队的队伍缺少正规的训练，没有起码的军人素养，不会使用火炮，更不会修理。由于战事连连失败，军队士气低沉。更可笑的是，卡尔托居然是半路出家的画家，缺乏军事方面的起码常识，对那少得可怜的几门炮，他连射程多远都不知道。为此拿破仑以其特有的精干作风和组织指挥能力在短时间内对炮兵进行了正规的训练，使一伙散兵游勇很快成为合格的炮兵。

当时暂任土伦指挥员的多佩将军赞赏拿破仑说：“这个青年军官既有很大才能，又有不屈不挠的大无畏精神和不知疲倦的充沛精力。我视察军队时，发现他总是坚守在他的岗位上；当他需要休息时，他就裹着大氅（chǎng），睡在地

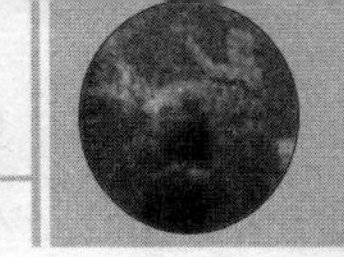

上，他从未离开过炮群。”

在土伦前线，拿破仑结识了许多青年军官：迪罗克、马尔蒙、维克托、富歇、勒克莱尔、朱诺、德赛等。这些中下级青年军官，后来在拿破仑率领下，大多以战功显赫而成为法兰西元帅和将军。

12月15日，在经过周密的准备之后，土伦作战开始。

拿破仑凶猛的大炮很快压倒了英军要塞中的火力。法军3.7万余人开始全面进攻，向主攻方向小直布罗陀高地出动了6000步兵，直指马尔格雷夫堡。当时风雨交加，战斗非常激烈，英国、西班牙军队也非常顽强。出现了阵地夺而复失、失而复得的局面。拿破仑指挥炮兵轰击了48小时，大展神威。紧接着，他命令炮兵控制阵地，并跟进占领小直布罗陀高地，自己在危急时刻高举旗帜，带领步兵冲锋。他不顾腿部刺伤，战马被炸死，身先士卒，带领步兵冒着枪林弹雨，一举攻克马尔格雷夫堡，夺占小直布罗陀高地。然后马不停蹄，在高地上架起大炮，朝土伦港的英国、西班牙军舰猛烈开火。英、西两国军舰在法国炮火的轰击下损失惨重，眼见大势已去，回天无力，仓皇逃入地中海。土伦的保王党分子失去靠山，乖乖地向法军投降了。

土伦战役以法军的胜利而宣告结束。这次战役沉重地打击了保王党分子及其反法联军，同时也使拿破仑的卓越指挥才能得到了显现。战役结束后，攻城总指挥迪戈米埃将军上书陆军部称赞拿破仑道：“他拥有一颗充满智慧的头脑，知识渊博，性格坚定。这位非常优秀的军官的才能是无法描绘完全的。”

而杜特将军对拿破仑更是推崇备至，在致陆军队长的报告中，他这样写道："拿破仑的优点是难以言表的。说他知识渊博，智勇双全，这只不过勾画了这位稀世将才的大概轮廓。"

1793年6月中旬来到土伦时，拿破仑不过是一个默默无闻的少校；10月19日，陆军部提升他为少校营长。如今，一场战役让他一夜成名。12月22日，拿破仑跨越了中校和上校

两级军阶，直接被提升为准将。翌年3月初，国民公会任命拿破仑为意利军团的炮兵指挥。这时，他年仅25岁。

婚姻大事

拿破仑在土伦一鸣惊人后，他随部队到了马赛驻防并把颠沛流离的一家人也接到了那里。哥哥约瑟夫还在市政厅给特派员阿尔比特当助手。波拿巴全家由于在科西嘉丧失了所有的家产，拿破仑向法国政府为母亲申请到了救济金，家里的生活得以维持下去。

当母亲莱蒂齐娅看到拿破仑时，她喜极而泣，用颤抖的双手一遍遍地抚摸着拿破仑神气的军装。这位历尽艰辛的科西嘉女人想起自己早逝的丈夫，激动地说道："如果你的父亲还在世，看到你出人头地，他会是多么高兴和自豪啊！"

随着年龄的增长，此时拿破仑和他的哥哥约瑟夫都在考虑婚恋大事了。恰巧，一个偶然的机会，让这兄弟俩一个巧结了婚缘，一个步入了一段浪漫的热恋。

应该指出的是，拿破仑一生中有过许多女人，但谁也没有对他产生过什么影响，他始终是他自己，他专横，暴躁，怀疑成性，难以驯服。而他需要的是惟命是从、唯唯诺诺的女人。他在征战中，没有多少时间去琢磨女人、去动感情。但此时的拿破仑需要一场婚姻，于是他选择了约瑟芬。

约瑟芬·博阿尔内是恐怖时期被处死的贵族的遗孀（yí shuāng，丈夫死后留下的妻子），一位风流的女子，

与巴拉斯曾有一段密不告人的来往。此时，她与拿破仑并没有多少感情，他们接触只是出于一种互相需要的功利目的。约瑟芬在生活上已经很困难了，为了名和利，她愿意选择声名显赫、有后劲的拿破仑，拿破仑则是为了通过她去结识上流社会的显要人物。

在约瑟芬之前，拿破仑曾邂逅过他的初恋情人——黛丝蕾。

黛丝蕾是马赛城颇有名望的大绸缎商克拉里的次女。克拉里早年故去后，留下妻子和一个儿子艾蒂安，两个女儿朱莉、黛丝蕾。国王路易十六去世不久，革命政府以“效忠王室”的罪名拘捕了他的儿子艾蒂安。一家人非常惊慌，最后决定由艾蒂安15岁的妹妹黛丝蕾和艾蒂安的妻子一起去找市政厅国民议会特派员，恳求释放艾蒂安。

在市政厅，姑嫂俩没有见到那个特派员，但她们见到了一个年轻人，这个年轻人就是约瑟夫。约瑟夫答应帮助她们，还得意地透露自己有一位当将军的弟弟。黛丝蕾是个聪明的姑娘，她看到约瑟夫年轻有为，便有意把漂亮的姐姐介绍给他。当约瑟夫帮忙让艾蒂安很快被释放后，黛丝蕾有机会见到了拿破仑。第一眼看到拿破仑时，她不禁大失所望，因为拿破仑身材矮小，头发凌乱，身上的军装也是皱皱巴巴的，不修边幅的形象与约瑟夫干净利落的打扮形成鲜明对比。当姐姐朱莉和约瑟夫一见钟情时，拿破仑和黛丝蕾也有更多的机会一起交流思想。

有一次，拿破仑跟黛丝蕾谈起了关于命运的话题，他自信地说道：“我知道我注定要做一番伟大的事业。上天生下

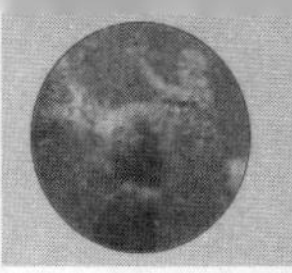

我，就为的是统治与兴建一个国家。我是属于创造历史的那种人。”一席话让黛丝蕾被这个身材矮小、壮志凌云的男人极大地震撼了。她对拿破仑更加崇拜，在如水般的夜色中，她接受了拿破仑的第一次亲吻。

在一段时间里，拿破仑除了日常工作外，时常与黛丝蕾约会。两人常在一起漫步，花前月下，无话不谈。经过一段热恋后，两人订婚了。

正当拿破仑和黛丝蕾谈婚论嫁之时，法国发生了惊天动地的热月政变，雅各宾领导人罗伯斯庇尔遭到杀害，其弟小罗伯斯庇尔也被送上了断头台。受其牵连，当时所有与他们兄弟过往甚密的人都成了政治上的嫌疑分子，拿破仑也受到怀疑而突然被捕了。

◎热月政变：法国大革命中推翻雅各宾派罗伯斯庇尔政权的政变。因发生在共和2年热月9日（1794年7月27日），故名。

消息传出后，黛丝蕾陷入了深深的痛苦之中。为了爱情，她不顾哥嫂的劝阻，找到拿破仑的家，从他母亲那里拿了几件拿破仑的衣服，捆成一个包裹，来到城防司令部。一位少校接待了她。

“小姐有什么事？”

“我这里有个包裹，请你交给拿破仑·波拿巴，他是我的朋友。”

“唔，这怎么行，你叫什么名字？”

“黛丝蕾·克拉里。你们放了他吧，他是无辜的。”

黛丝蕾说罢，就哽咽着哭了，少校被她的哭叫弄得没办

法，只好安慰她道：“好，我答应你，给你把包裹送去！好吗？”

黛丝蕾破涕为笑，并连声道谢。

少校又告诉她，拿破仑不会被处死的。果然，过了一段时间，拿破仑经过朋友萨利塞蒂的帮忙，终于被无罪释放并返回尼斯任职。

他企图东山再起，却苦于没有出路。

1795年10月正是法国葡萄收获的季节，也称为葡月。巴黎形势凶险。反对新宪法的巴黎武装部队总司令梅努将军狂叫复辟，准备推翻热月政变后建立的督政府政权。他们的最后一击，是攻进国民公会所在地杜伊勒里宫，以王党政权取而代之，反动气焰十分嚣张。

而此时的巴黎民众已经厌烦了大革命以来“你方唱罢我登场”的权力更迭，对督政府没有好感，对事变采取冷眼旁观态度。作为旋涡中心的热月党人，一个个善于玩弄阴谋权术，而对于指挥作战却不在行，他们所能指挥的人马只有五千，力量对比十分悬殊，而且人心浮动，军心不稳，许多人认为督政府必败无疑，保王党分子弹冠相庆（比喻即将做官而互相庆贺，多用于贬义），已经在准备他们上台后的庆典和人事安排了。

但是，国民会议不准备就范。在葡月12日夜间，国民会议下令撤掉梅努将军的职务，并逮捕了梅努。接着，巴拉斯被任命为巴黎武装部队总司令，他准备当夜就采取行动。

此举激怒了反叛者，他们来到街头，聚集在国民会议大楼周围，试图以巷战一决胜负。

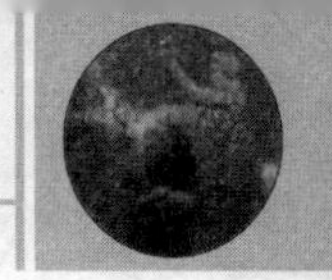

巴拉斯来到他的情妇塔里昂夫人家里，向她大吐苦水，诉说叛军是多么强大。塔里昂向他推荐了拿破仑，因为拿破仑曾几次参加她举办的舞会，塔里昂见拿破仑虽衣衫寒酸，但谈吐不凡，见解独特。于是拿破仑被任命为巴拉斯的助手。在了解情况之后，拿破仑才知道叛乱者的阵容是多么的强大，但他不需要考虑这些，只是更清楚自己将成为国民会议的救命恩人，他有一个以炮兵的狂轰滥炸为基础的行动计划。

临危受命、重获兵权，拿破仑心中的惨淡愁云一扫而空。葡月13日清晨，拿破仑在国民会议大楼前布置了数门大炮。叛乱者有2.4万多人的武装队伍，而拿破仑只有不足6000人，是对方的四分之一。

敌众我寡，敌强我弱，拿破仑却丝毫都不担心，他对自己与生俱来的军事天才充满信心。他神采奕奕，眼神里焕发出光彩，开始进行缜密的部署。当叛乱的人群冲向国民会议大楼的时候，拿破仑占据了有利的地势，用大炮轰击了他们，顿时血肉横飞。而叛军只能用步枪回击大炮。这样，他们没坚持多长时间就四散逃去了，有的人怕算后账，直接逃出巴黎了。到中午，街上只剩下几百具叛乱者的尸体。

过后，拿破仑被当做英雄来崇拜，但他把自己的胜利归功于对方的无能；他认为，如果他站在对立的一方，那国民会议早就不存在了。事情在拿破仑手里解决，就是这样简单，这种气魄不是一般人所具有的，况且一般人是想不到用大炮在城市里进行袭击的。

在一天之间，他从一个到处闲荡的青年军官，成了一个声名远扬的指挥天才。

这次战斗使拿破仑成了巴黎人心目中的英雄，巴黎各阶层的人士都在谈拿破仑，认为是由于他的英明才挽救了共和国，军队、大街、陋巷、香闺（guī）中，在巴黎人的口中，“拿破仑”这三个字一时间成了出现频率最高的词汇。拿破仑成了维护巴黎共和国的救星，巴黎人尊称他为“葡月将军”。

由于拿破仑保卫巴黎有功，国民公会一致通过，任命拿破仑担任了法国内防军总司令，兼任巴黎卫戍副司令。

国民公会此时也正式建立了共和政府，设了元老院、五百人院和督政府，巴拉斯执掌了督政府的大权。

这位曾经不修边幅、寒酸潦倒的年轻人，在经过这次命运转折的一战后，社会地位迅速上升，迈向权力巅峰的命运之门从此打开。他开始往返于上流社会的宴会，还认识了一位迷人的贵妇，并被她弄得神魂颠倒。几个月后，即1796年3月9日，在巴黎当丹街的市政府里，“葡月将军”拿破仑与这位叫约瑟芬的贵妇的结婚仪式就在这里举行。

拿破仑眼神里洋溢着坚定喜悦的神色，脸上看不出任何的后悔表情。然而，在他的内心深处，却为自己背叛了初恋的少女黛丝蕾而隐隐感到不安。

第二章

征服欧洲的伟业

- 征服的脚步
- 驰骋意大利
- 东征埃及
- 发动政变
- 迎战第二次反法同盟
- 加冕称帝
- 颁布《民法典》
- 兵进维也纳
- 三皇会战
- 耶拿之战

征服的脚步

这位战斗英雄征服的脚步才刚刚开始。但是，他这一惊天动地的人生历程起初是很不顺利的，他的前进道路上横亘着许多困难。

在婚后的第二天，拿破仑便告别约瑟芬，赶赴意大利军团赴任。临行前，法国督政府将一份草拟的“对意大利军团命令的指示”交给拿破仑，简要内容为：先夺取切瓦，迫使皮埃蒙特退出战争，然后补给军队，再把奥军赶过波河，最后进军米兰。1796年3月26日，拿破仑到达尼斯的意大利军团司令部。

长期以来，意大利一直是西班牙波旁王室和奥地利哈布斯堡王室互相角逐的战场。哈布斯堡王室统治着该地区的北部，他们在那里占领着富饶的米兰公国和曼图亚大要塞等封地。意大利半岛的南部连同西西里岛，则是在西班牙波旁王室的后代费迪南四世的统治下。这两个王室所属的地域大都处于中世纪的死气沉沉的状态中，政治上处于极软弱无力的地位。

早在前几年拿破仑就对意大利的政治及军事状况做过分析研究，觉得在此开战将有利可图。虽然那个计划因热月政变而夭折了，但现在他当上了意大利军团司令，这个计划便可以着手实行了。

作为法兰西5个方面军队中的一支，意大利方面看起来更像是一群毫无斗志的乌合之众。在过去短短两年的时间，

他们已经更换过5次司令。部队原本就情绪低落，频繁地换帅更使他们士气不振。再加上这支队伍在法国督政府眼中简直一无是处，因此政府几乎忘记了他们的存在，因而战士们也得不到足够的给养。因此，这些战士们长期食不果腹（shí bù guǒ fù果：充实，饱。指吃不饱肚子。形容生活贫困），脸色蜡黄，形销骨立，似病人般虚弱。

拿破仑首先依法树威，整顿军风军纪。一天，有一位中尉带着几个士兵前来向新司令申冤：他们的东西被另一部分士兵强盗般地哄抢了，并且遭受了残暴的殴打。这伙士兵本想伺机报复，但遭到了中尉的制止，中尉提议向新来的司令官讨公道，而不去自己报复。拿破仑早就了解军团内由于纪律废弛，几成游匪，并且形成了习惯。军队没有法纪，谈不上权威和教育。他利用这一典型案例，发布了如下命令：

“马上查清抢劫行动中的士兵名单，一律按军法论处，并且，不论出身贵族还是平民，谁都不准讲情，一视同仁，严惩不贷。对那位来访中尉，给予嘉奖，并提升上尉，以示全军。”

拿破仑又对胆敢嘲笑他个子矮小的身材高大的奥热罗说：“将军，我的个子是比你们矮，但如果你们因而蔑视我的话，我将马上砍下你们的头，消除这个差别。”

拿破仑手下有5个师，师长分别是马塞纳、拉阿尔普、奥热罗、塞律里埃和梅尼尔将军。这些人都是能征惯战的老将，但普遍不重视军风军纪，对新来的司令官也颇为不恭。他们不久即发现，拿破仑是绝对不可冒犯的。他对你的一切，包括一些见不得人的心理活动几乎都了如指掌。新司令几乎洞悉行军作战的一切细节，糊弄他是要受到惩罚的。自己除了在身材和年龄上可以与之相比外，在其他方面绝对无法与之争锋，唯一的办法是服从。何况接踵而至的是一连串胜利的荣誉呢。

拿破仑不仅强调纪律，而且十分注意思想教育，尤其是“用荣誉来进行管理”，千方百计激发士兵们的自尊心和荣誉感。他对士兵演说道：“士兵们，你们没有衣服穿，吃得也不好，政府欠下你们很多东西，可是它什么也不能发给你们。你们在这些悬崖峭壁间显示出来的勇气和坚韧力量是令人惊叹的，可是这并没有给你们带来任何荣誉，它们的光辉并没有照到你们身上。我想带你们到世界上最富饶的国家里去，那些肥沃的土地和繁华的大都市将受你们的支配。你们在那儿将会得到尊敬、荣誉和财富。意大利军团的士兵们！难道你们的勇敢精神和坚韧力量不够吗？”

拿破仑还说：“你们目前是普通的士兵，但未来的将军、元帅将产生于你们中间。不想当将军的士兵不是好士兵，每个士兵的背包中都有一柄元帅的节杖，问题就在于你们自己是不是勇敢作战，去把理想变为现实。”

拿破仑的战争动员使这些饥饿的士兵们有了奔头和盼头，使他们恢复了人的尊严和荣誉感；他的举止行动在官兵的心目中都留下了极为深刻的印象；他的充沛精力和干净利落的命令赢得了马塞纳的敬佩；在他那闪烁着卓越智慧的目光下，就连身材魁梧又趾高气扬的奥热罗，也不免有些畏缩了。4月初，法国的增援部队赶到了，从而使意大利方面军的总兵力增加到4.93万人，形成了兵力上的优势。

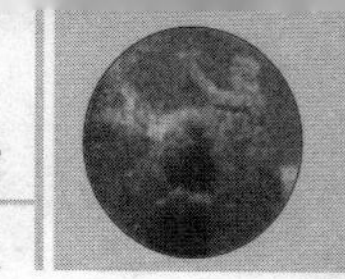

拿破仑的第一个想法就是切断联军三路军之间的所有联络，使联军势单力孤，无法互相呼应。他计划，首先对付由58岁的老将柯里将军率领的撒丁军，因为他是三路军中最弱的一支部队，其次是对付博利厄的奥军。

1796年4月10日，奥军的攻势开始进行，左路军到达热那亚，并向沃尔特里进发，在那里对法军的拉哈普部发起突然袭击。皮托利的7个营进攻沃尔特里的色尔弗尼，法军却在11日从容不迫地撤回萨沃纳。拿破仑在此对15日的攻势作了最后部署。

11日，拿破仑来到桑托里奥发现奥军阿根陶部的6个营正在进攻据守坚固阵地的兰普恩，而在芒泰诺泰以西却未见有其他敌军。拿破仑于是口授命令：命拉阿尔普次日上午从正面向阿根陶攻击；马塞纳率部连夜疾进到芒泰诺泰以西的阿尔塔山脊，于次日拂晓向阿根陶右后方发起进攻。法军的攻击一经实施就大获成功。

4月12日清晨，战斗在芒泰诺泰打响了，这一天的场面颇为壮观。在朦胧的晓雾中，奥军突然发现被法军包围，近万名法军出现在他们背后和侧翼，法军对还来不及做认真抵抗的奥军进行枪炮轰击。奥军很快溃散，奥军的指挥阿尔热托只能命令部队后撤，他在绝望中杀开了一条血路逃走。

在芒泰诺泰初战得胜后，拿破仑即命拉阿尔普据守夺取的这个地盘，一面下令马塞纳挥戈北上往克罗和代戈推进，以对付奥军援兵，一面命奥热罗率部向卡凯尔运动，再折向米勒斯摩，而塞律里埃则从加里希奥直下塔纳罗河谷以威胁切瓦。同时，拿破仑将司令部移至卡凯尔，并撤掉了梅尼尔

的师指挥职务，又将该师的一个旅拨给了马塞纳，其余两个旅则拨给了奥热罗。

4月12日下午，拿破仑从前线发布了如下战报：

共和国万岁！今天，4月12日，马塞纳将军所率师与拉阿尔普将军所率师一起攻击了据守在芒泰诺泰重要阵地的奥军，该军达1.3万人，由博利厄将军本人以及阿根陶将军和罗卡维纳将军指挥。结果共和军彻底击败了奥军，打死打伤敌人约3000人。

这段公报其实不十分准确，奥地利指挥官博利厄当时并不在战场，罗卡维纳则只是阿根陶的一个旅长。但不管怎样，这次首战的胜利已奠定了整个战役的结局。

到了4月13日，奥热罗率部向据守在米勒斯摩的皮埃蒙特军进攻，奥军普罗韦拉将军的独立旅和皮埃蒙将军的一个掷弹兵营阻住了其去路。双方激烈战斗，最后普罗韦拉因弹尽粮绝而被迫投降。

就像在敌人中间插进了一把楔子，拿破仑成功地扩大了奥军与皮埃蒙特军之间的间隙。此后，他又再次组织部队，与在代戈被阿根陶所阻的马塞纳发动联合进攻。4月14日下午，马塞纳军从正面进击，拉阿尔普则涉水渡过代戈下方的博尔米达河攻击奥军后方，结果俘获2600名奥军，阿根陶的残部从斯比格罗峡谷向北逃往阿奎。

拿破仑暂时击败其主要对手后，就转而集中对付撒丁军。他命令奥热罗从正面攻击设在切瓦的撒丁军营部，侧面由塞律里埃和马塞纳进行突击。

18日，法军各路纵队开始行动，谁知赶到切瓦时，却发现敌营早已撤空。原来，驻守切瓦的柯里已乘黑夜命部队退

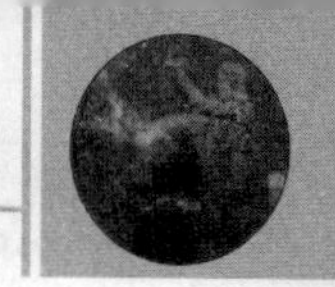

守到了科沙格里亚河畔的坚固阵地。

占领切瓦的法军尾随撒军西进，对撒丁军发起强攻。此时，柯里手下仍有1.2万人，约为其原有兵力的一半。由于准备不足，法军19日发动的正面进攻失利，损失惨重。

21日，拿破仑命令其兵力组织最后围攻，由于塞律里埃从敌军右翼进行迂回包抄成功，柯里被迫率部溃退，法军进而抵达皮埃蒙特平原，皮埃蒙特军全面溃败。自此，拿破仑作为司令官所指挥的第一个战役以大捷而暂告一个段落。这对于一个26岁的年青军官而言，可绝不是小成就！这可能是他人生中最辉煌的一仗。也许，有些人会说拿破仑很幸运，遇到的敌人太弱，但他开战前的艰难局面也是非普通人所能承受的。总之，小个子拿破仑用九天四场大胜，消除了所有人对他的怀疑和嫉妒，他获得了下属指挥官们的真诚信赖，在全军将士的通力合作下，他攻必克，战必胜，勇往直前。

4月28日，拿破仑与撒丁王国的部队单独签订了停战协定。5月15日，法国与撒丁王国又在巴黎签订了和约，而且和约内容对撒丁王国是极其苛刻的。接下来只需要单独对付奥地利军队了。

拿破仑步步紧逼，奥地利军队节节后退，一直到了洛迪，法军需要渡过阿达河，但这个重要据点有1万名奥军防守，还有十四门炮和一些骑兵。5月10日，发生了著名的洛迪桥战役，这是拿破仑做出的第一个让人匪夷所思的决定，也是他第一次冒着生命危险和士兵们战斗在第一线，即强攻洛迪桥。黄昏时，在马塞纳和贝尔蒂埃的指挥下，拿破仑带领掷弹营冒着奥军封锁桥头的密集炮火向前冲击，直至拿

下这座桥。拿破仑乘胜追击，于15日攻下了伦巴第的都成米兰，在六七月份又攻下了一系列城市和乡村。所到之处，他肆意抢夺一切有价值的东西，如大炮、火药、枪支，还有艺术品等。尽管意大利保持中立立场，但法国士兵的抢劫行为遭到意大利居民的报复，有数名法国士兵被杀，随之而来的是拿破仑军队对当地居民的血腥的屠杀和更为残酷的洗劫。

驰骋意大利

1796年5月30日，拿破仑不仅从奥地利总督费迪南大公手中夺回了整个伦巴第，而且还侵犯了中立的威尼西亚共和国。他这样做并非师出无名，因为博利厄为了确保自己能退往特伦提诺，已经占领了威尼西亚的佩斯基耶腊要塞。

这是著名的中世纪四边形要塞区四座要塞中的一座，这四座要塞——佩斯基耶腊、维罗纳、莱尼亚戈和曼图亚——扼守着通向威尼斯的要道，而这其中，曼图亚是唯一真正可守的要塞。曼图亚要塞位于波河和乔河交汇处，被两个大湖和烟瘴沼泽包围，地形险恶。如若进行一般围城作战是难奏效的。博利厄率1.4万名奥军固守在曼图亚要塞，等待着奥地利援军到来，而余部则往北逃往蒂罗尔。

拿破仑来到威尼西亚境内后，即将曼图亚包围起来，封锁了阿迪杰河的右岸。

奥地利皇帝弗兰西斯为使意大利不落入法军之手，发誓尽一切力量去解曼图亚之围。到6月底时，他任命在莱茵

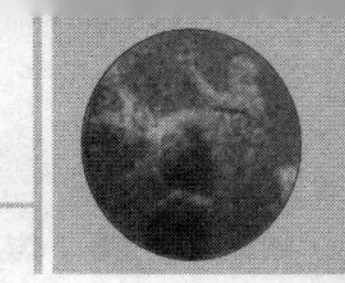

地区战役中有点名气的老将维尔姆泽集结了4.7万人前来解围。奥皇还从他的北方部队中抽调出2.5万人，加入到维尔姆泽的精锐部队中。

为了快速到达曼图亚，维尔姆泽兵分四路。他派副手科斯达诺维奇率领1.76万人去加尔达湖的西岸，从侧面进攻法军，夺取布里西亚的法军军火库，并切断法军通往米兰和法国的交通；维尔姆泽则亲自指挥2.43万人分两路沿阿迪杰河两岸进军；其余则进入威尼西亚平原待命。

7月29日，维尔姆泽开始发起进攻，经过一天交战，奥军迫使法军的马塞纳师从阿迪杰河与加尔达湖之间的中心地带向后撤退了12英里。面对这一打击，拿破仑立刻从防线撤回所有部队，并把他们集中在加尔达湖以南地区。

维尔姆泽此时将部队转而西进，企图与其右路纵队科斯达诺维奇会合，但拿破仑已命马塞纳师和奥热罗师在斯蒂维耶雷挡住了去路。于是双方在斯蒂维耶雷展开了激战，由于奥热罗和博阿蒙率领的一个骑兵旅从左翼奔袭成功，维尔姆泽在死伤6000人后不得不退回到明乔河一线。

在斯蒂维耶雷，拿破仑曾处于十分危急的局面，假如维尔姆泽与科斯达诺维奇取得了联系，法军早就被打垮了。由于拿破仑反应敏捷、行动神速，才使法军转败为胜。

此时，维尔姆泽率部转而向东，企图经巴萨诺和维琴察进军曼图亚迂回包抄拿破仑。而拿破仑却沿法尔索加纳和上布仑塔纳罗河谷穷追维尔姆泽。到9月8日，法军追上奥军，经过又一场激战，法军俘敌3000人，并缴获35门火炮。9月15日，维尔姆泽残部逃进曼图亚，该要塞再次被法军围困了。

维尔姆泽的策略看起来很合理，实际上却很危险。维尔姆泽犯了同博利厄同样的错误，他将兵力分散，四个纵队无法取得联系，彼此之间在危急时刻无法救援。更致命的是，在科斯达诺维奇的纵队与其他两路纵队之间横着宽阔的加尔达湖。

而奥军分兵的根源在于对法军的轻视，他们没有也不可能从被各个击破的角度上来制订自己的进军计划。这是一切久负盛名而养成狂妄自大军队的通病。而一旦碰了钉子，这样的老大军队又往往过分地看重“面子”问题而放弃实质性的军事政治得失。

当得知维尔姆泽被困以后，奥地利宫廷放弃了德国战场上的节节胜利，不是从正面威胁法国心脏地区，迫使法国倾全国之兵来回防莱茵战线，而是从莱茵战线抽调两个军团共6万余人，由阿尔文齐元帅指挥去解救曼图亚和维尔姆泽。这种过分计较一城一地之得失、过分重视帝国荣誉的做法，又一次给拿破仑可乘之机，从而彻底丧失了对法作战的主动权。假如奥军具有战略眼光，以得胜之师猛攻法国的洛林地区，并进而威胁法国心脏，必然迫使拿破仑退出意大利战场，再度翻越阿尔卑斯山，以疲劳之师去防守洛林，则不仅意大利战事可解，拿破仑前功尽弃，法国也将岌岌可危。可奥地利没有这样做，而是自己去翻越阿尔卑斯山，劳师远征去解救曼图亚。这种作战指导思想是相当陈旧和愚蠢的，在拿破仑面前注定了又一次失败。

11月15日–17日发生了著名的阿尔科拉血战。15日拂晓，拿破仑兵分三路，沿通往阿尔科拉村的三条堤坝冲锋。

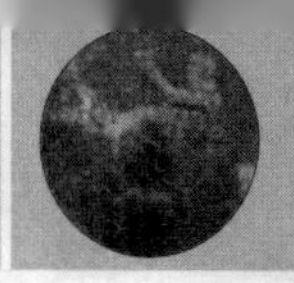

奥热罗率领第一纵队冲到阿尔科拉村桥头，但奥军顽强地守住这条木桥，法军猛攻无效，死亡众多。

见此情景，拿破仑抓起一面法国三色军旗，奋不顾身地朝有重兵把守的阿尔科拉桥头堡冲去，他的弟弟路易·波拿巴和两名副官马尔蒙、米尔隆保护他。不过，奥热罗将军用力将其拉回，劝他保持理智。士兵们看到司令身处险境的大无畏精神，一个个也呐喊着英勇战斗。16日的再次进攻，法军依然无果。17日继续激战。战斗异常艰苦，两军将士都筋疲力尽。中午过后，拿破仑命令对阿尔科拉村发起最后进攻，马塞纳从堤坝，奥热罗从东岸进攻。就在一片战争的混乱中，米尔隆中弹身亡。拿破仑滑下堤岸，掉进了河沟，弟弟路易和马尔蒙将其救起。庆幸的是，在法军的舍命进攻下，阿尔科拉终于被攻下，阿尔文齐向北退至维琴察一线。

双方苦战，都很疲倦。1797年初，奥地利下决心将打败了柯里、博利厄、维尔姆泽和阿尔文齐的带给他们巨大耻辱的拿破仑撵出意大利，于是，再次任命阿尔文齐重整旗鼓，解救曼图亚。休整一个月后，1797年1月14日，在阿迪杰河口处的利沃里高地，两支大军又展开了3天血战。拿破仑此时培养了一批得心应手的将领：参谋长贝尔蒂埃对行军作战娴熟于心，他极善于根据拿破仑的意图和部队的情况，将复杂的军事行动写成简单明了的指令，并擅长侦察敌情和检查部队执行命令的情况；刚毅、机警而勇敢的儒贝尔；进攻勇猛的马塞纳；无所畏惧的奥热罗等；同时，又新任了两名师长——儒贝尔、内依。

拿破仑是一个具有巧用地形天险的天才，他令马塞纳

从左面突破奥军，又令儒贝尔的步兵和勒克莱尔的骑兵在奥军进攻阿迪杰河谷向利沃里高地前进时，从仰坡上居高临下发动冲锋。战场上只见战马嘶鸣，刀光闪闪，枪炮声响成一片。奥军的前锋先被摧毁，后续的1.5万兵力被击溃。全部的大炮和军需品被法军缴获，法军大获全胜，阿尔文齐踉跄逃窜，败退提罗耳，哪里还顾得上去解救曼图亚要塞。仓皇中，阿尔文齐吓昏了头，他忘记了如何去支援担任佯攻任务的普罗韦拉部队。但拿破仑并没有忘记这个关键问题，他命令儒贝尔乘胜追击，自己则率优势兵力飞速南下，直扑普罗韦拉的1.9万人马，将普罗韦拉及其手下1.9万人全部俘虏，拿破仑又打了一个大胜仗。

阿尔文齐和普罗韦拉的接连失败彻底打破了困守曼图亚的1.8万名奥军坚守待援的希望。1797年2月2日，老元帅维尔姆泽率领一群疲兵向年轻的统帅拿破仑无条件投降。

此时的拿破仑又成了一名政治家和心理学大师。他十分慷慨地拒绝了某些将军终生企盼的接受对方最高统帅放下、交出宝剑的投降仪式，而是给了维尔姆泽这位70多岁的老元帅优厚的礼遇，向未来的谈判对手奥地利表示了谦逊和宽厚的姿态。这一手是经过深谋远虑的，在未来的法奥谈判中起到了一定的作用。利沃里的胜利和攻克曼图亚后，拿破仑打开了整个威尼西亚领土的大门，他立即利用这一大好形势，派儒贝尔率3个师追击逃向蒂罗尔的阿尔文齐，命令马塞纳自维琴察和巴萨诺向布伦塔纳罗河谷开进，以支援儒贝尔。同时，他本人则再次南下以对付教皇庇护六世，因为他认为教皇庇护六世在履行去年6月签订的波伦亚条约的条款方

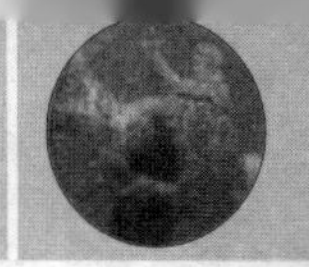

面，似乎有些拖拉。维克托此时已晋升为师长，拿破仑派他去讨伐伊莫拉和法恩扎。在掠夺了教皇的许多财宝并再次以进军罗马相威胁后，2月19日，拿破仑在安科纳以南的托伦蒂诺与教皇的代表签订了一项条约，该条约规定教皇把波伦亚、斐拉拉、罗巴格纳和安科纳等教皇属地割让给法国。这样，拿破仑在亚德里亚海就获得了一个立足点。3月2日，他在轻而易举地获胜后，回到了曼图亚。

出于进军奥地利和追歼奥军的需要，拿破仑此时请求督政府进一步给予增援，督政府即派贝尔纳多特将军率一个师的兵力增援拿破仑，使其总兵力达到了5.3万人。

这时，奥军也对部队进行了整编。他们从莱茵战场调来了奥皇的弟弟查理大公，让他来指挥奥军在意大利的部队。查理大公年轻能干，但是他所急需的增援却迟迟未到。

为阻止法军从意大利进入奥地利，查理大公扼守要道，他在塔利亚门托河对岸、崎岖的卡林西亚山前严密布防。3月10日，拿破仑开始新的进军，6天之后，已来到塔利亚门托河，沿途仅遇到轻微抵抗。奥军在撤退中损失了500人和6门火炮。19日，法军在激战后攻克了格拉迪斯卡并渡过了伊松左河。不久又北上到达卡普利托，同时占领了奇维达和乌迪内。

4月2日，法军马塞纳部的前卫进入施蒂里亚省。在此穿过谢弗林和犹登堡向穆尔河谷挺进。到4月4日，奥军的抵抗完全停止。4月9日，马塞纳部经过累欧本到达布鲁克，布鲁克离维也纳仅有92英里的行程了。眼看大势已去，查理大公派出代表与拿破仑会晤，会后双方达成了一项休战协定。这

样，由奥地利军与撒丁军组成的第一次反法联盟宣告失败。而在不断的征战中，拿破仑也萌生了一个想法，同时给自己提出一个问题：今后要为谁而战？他的答案是显而易见的，他既不想为督政府而取得胜利，也不想为波旁王朝而取得胜利。而且是从这时起，他的信念逐渐坚定起来。

不管是指挥战斗，还是签订和约，拿破仑都是按照自己的意志行事的，他根本不去理会部下的意见。但是，没有人去责备他，因为他的战绩使他获得了无可争议的声望，他把一支纪律涣散的队伍训练成为绝对忠诚的军队，不但什么也不要求，还源源不断地给法国运回财富，并且打赢了许多震撼欧洲的战役，接连使数个国家臣服。他是法国的骄傲。

累欧本临时条款签订后，拿破仑自累欧本回师，毫不留

情地报复了出尔反尔的威尼斯。随后拿破仑改组了威尼斯的政府，取消了威尼斯的独立地位。

对奥战争以坎波—福米奥条约的签订而宣告结束。拿破仑又摆出了总督的派头，开始了对意大利北部的治理。他同样两手并举：一方面大量掠夺，不仅解决意大利军团的给养问题，并运回法国巴黎大量金银和艺术品；另一方面，残酷镇压意大利当地人的反抗。不过总的来看，法军在意大利被当做“解放者”而受到主流社会的欢迎。拿破仑利用自己的意大利血统，以及意大利人高傲的心理来减轻对法军占领的阻力。

一千多年来，意大利始终沦为各种各样人的征服地，古罗马的荣光早成为明日黄花。如今看见这位年轻的有意大利血统的波拿巴将军重提古罗马的光辉，怎么能不热血沸腾呢！他们中的多数对法军热烈欢迎，几乎视拿破仑为当代的恺撒，国外报纸称他为“法兰西柱石”。而法国人民已经不再把拿破仑单纯看成是一个战场上的能手了，因为拿破仑不仅使撒丁国王过起了流亡的生活，皮埃蒙特成为法国的行政区，伦巴第也臣服于法国，其哥哥约瑟夫被任命为罗马大使削弱当地的教皇势力，更重要的是，法国的领土已扩展到其“自然疆界”之外了。

◎明日：指重阳节后；黄花：菊花。原指重阳节过后逐渐萎谢的菊花。后多比喻已失去新闻价值的报道或已失去应时作用的事物。

东征埃及

从1796年3月11日出征意大利起，拿破仑已经离开巴黎差不多两年的时间了，如今他衣锦荣归。1797年12月7日，拿破仑带着胜利的无上光荣回到巴黎。

12月10日，懦弱的督政府慑（shè）于公众强大压力，不得不在卢森堡为载誉归来的征服者举行豪华的欢迎仪式。卢森堡宫内筑起了花台，上面放置着象征和平与自由的神像，牌楼上挂满了拿破仑从意大利虏获的敌方旗帜。无数人们来到这里，只为一睹英雄的风采。

11点钟，拿破仑到了，他穿着佩有绿色棕榈勋章的法兰西学院礼服，约瑟芬挽着他的胳膊，身穿希腊式的宽大长裙，浑身珠光宝气。塔列朗退着走路，为他开道。国家各大团体竞相向拿破仑致敬，法兰西学院已封他为学院院士。

几天之后，元老院和五百人院在卢浮宫画廊中摆设了更加盛大的欢迎筵席款待司令。盛宴多达1000人，上层的名流绅士争相结交这位政坛新秀，贵妇们和少女们则在宴会上对拿破仑频送秋波。

一个月过去了。波拿巴的门庭渐渐冷落下来。

其实，在坎波—福米奥和约签订后没几天，督政府就任命拿破仑为新的英吉利军团司令，征讨劲敌英国。由参谋长贝尔蒂埃接替意大利军团司令。这几日，拿破仑一边督促兵工厂制造火炮，一边起身巡视英吉利海峡，察看地形，可最后，他却发现这个计划是不可取的，因为法军不仅渡海的船

只少，而且也没有充分的制海权。于是，2月23日，他向督政府如实汇报了。

此时，塔列朗向督政府提出远征马耳他和埃及。这样，可以打击英国在其附属地印度的势力，并切断其交通线，这正合拿破仑的心思。

拿破仑立即投入远征的各项准备工作中，他视察舰艇，巡视海岸。其实，督政府也非常赞同这个计划，他们甚至希望野心勃勃的拿破仑走得越远越好，在外面呆得越久越好。他几乎是一个一个地挑选那些同他在意大利作战过的士兵。他的记忆力惊人，认识很多士兵，他知道哪个士兵勇敢，知道哪个士兵聪明、机敏，知道哪个士兵坚强，他还挑选了一批得力的指挥官。

与此同时还要积极筹备各种物资和装备，并且时刻观察国际政治局势的变化和英国纳尔逊舰队的动态。另外，此次作战队伍中，除了将士外，还有一群特殊的人。他们是由167位科学、技术和文化专家组成的考察团。他们的任务就是调查、研究埃及的自然与人文资源，而到埃及后，无论何时，拿破仑都让他们走在队伍的中间。值得一提的是，拿破仑对科学与文史有着极大的兴趣，而他本人也是一名出色的数学家。

1798年3月5日，督政府任命拿破仑为埃及远征军总司令。1798年5月19日，拿破仑率领着3万军队、近350艘舰艇的舰队，载着大炮，从土伦出发，沿着地中海海岸秘密向前推进。

6月9日，拿破仑到达马耳他岛后，几乎没费周折就使马

耳他缴械投降，宣布其为法兰西共和国的属国；19日，在留下4000人镇守马耳他后，舰队继续顺风前进。30日，舰队到达了埃及亚历山大港附近。

拿破仑非常迅速地组织了在距亚历山大几公里的马拉布特渔村的登陆行动，然后向亚历山大港推进。

这样，法军钻了英国舰队的空子，踏上了非洲的土地。这样的奇迹几乎超越了当时古罗马统帅恺撒在埃及的壮举。

当时的亚历山大仅有1.6万人，是一个破旧的小镇，法军登陆的时候，该镇守军还毫不知觉。而因为滩头水浅，又刮北风，火炮、骡马、给养全都无法带上，拿破仑的部队只登陆了4000人。他们艰难地沿着沙丘向亚力山大进发，结果，几乎没遇到大的阻碍，只以伤亡300人的代价便占领了这个港口。

7月2日，拿破仑为了打消埃及人的疑虑，以避免造成传统的征服者的表象，他一面告诫部队不许掳掠，一面用阿拉伯文向当地居民发布了一份不寻常的告示。告示声明，法国人不是来打埃及人，而只是来打压他们的马穆鲁克。

◎马穆鲁克：又名马木鲁克、马木留克，是中世纪服务于阿拉伯哈里发的奴隶兵，主要效命于埃及的阿尤布王朝。后来，随着哈里发的式微和阿尤布王朝的解体，他们逐渐成为强大的军事统治集团，并建立了自己的布尔吉王朝，统治埃及达三百年之久。

六天后，所有的将士和补给都登岸了。为了打马穆鲁克一个措手不及，拿破仑立刻作出了如下安排：克莱贝尔镇守亚历山大；梅努受命攻下罗塞塔；其余部队分为五个师，杜高师沿尼罗河的西面支流溯（sù）河而上，保护

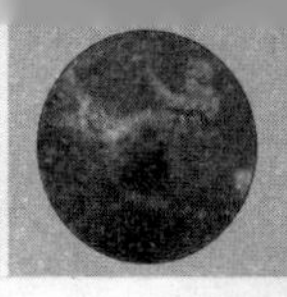

由船只运送的辎重、弹药和文职人员；佩里上校的炮舰负责护航。拿破仑自己则率德塞、雷尼埃、邦和维埃的4个师抄近路，走沙漠，向尼罗河上的拉曼尼亚进军。

屋漏偏逢连夜雨，本来部队经过长期海上航行，没有得到很好的休息，拿破仑却偏偏又犯了一个致命的错误。在从亚历山大到拉曼尼亚大概有一百多里的路程，此时又是炎热的夏季，拿破仑不仅没有为将士们提供热带服装，就连基本的水壶也没有，一路上只能吃干硬的饼干，而且，还不时遭到马穆鲁克的偷袭，许多掉队者被杀害和肢解。在经过尼罗河时，又因暴食西瓜而导致普遍腹泻，全军士气泄入低迷。一直坚持到拉马尼亚时，这支沙漠纵队才与杜高的海上行进师汇合。

这时，拿破仑又获悉马穆鲁克的前卫在穆拉德的带领下已经到了离此地十几里的舒卜拉基特，还有炮舰的支援，于是，他不容将士片刻的停息，直接向舒卜拉基特连夜进发。7月12日凌晨，法军到达目的地不久，便排出梯次配置的方阵，还奏起了马赛曲。日出时分，穆拉德率领着一万多骑兵轮番地攻来，但却始终无法攻破拿破仑的方阵。其实，方阵战术只是拿破仑临时想起的，在此前的战役中他从未用过，不过，对抗马穆鲁克的骑兵团的效果真是让众人大为惊喜。与此同时，另一条路上由佩里负责的三艘护送文职人员的船只遇上了麻烦，他们被七艘马穆鲁克的旗舰围攻着，大约伤亡了三十人。幸运的是，法军的炮舰有一炮直接射到了对方装弹药的舰上，不仅使其弹药全毁，而且船上的人也全都被炸死。其余的炮舰瞬时一片慌乱，不战自退。

7月20日，法军乘胜追击溃军，到达了离开罗只有二十多里地的尼罗河分叉处，远远望去，金字塔赫然耸立。不过，这里是马穆鲁克的重兵防守区：河左岸是被打退下来的穆拉德把守的因巴拜，河右岸是一个叫易卜拉欣把守的布拉克，而中间还有一支船队守卫在海上。

第二天，约2.5万的法军毫无畏惧地向开罗进军，走了不久，就遇上了穆拉德率领的约1.7万敌兵，拿破仑再次将五个师摆成了方阵。穆拉德的部队以令人难以置信的勇敢和毅力轮番攻击，但在法军霰弹和排枪的射杀下，最终以伤亡约800人的代价撤逃而去；闻讯的易卜拉欣则朝东北方向的沙漠地带逃去。在这一战中，法军伤亡约400百人，最终，占领开罗。

拿破仑在开罗这座城市掠夺了大量的食物和用品。不同的是，他同时建立了管理国家的严密制度，消灭了封建生产关系，从立法的角度保护私有财产和工商业者的利益，规定了税收体制，建立了警察制度。他对阿拉伯人的信仰极尽保护，对回教给予了充分的尊重，宣布清真寺和僧侣神圣不可侵犯。可以说，拿破仑在对埃及实行军事独裁统治时利用了宗教的作用。拿破仑口口声声说要把阿拉伯人从近卫骑兵的暴政下解放出来，但阿拉伯人并没有对这种解放产生兴趣，相反他们以沉默表示了自己的抵制态度。

很快，拿破仑的好运已尽，厄运降临。首先是1797年8月1日，英国海军上将纳尔逊一直率领14艘战舰，载着1000门火炮在东地中海搜索，终于发现了法军战舰。拿破仑在离开亚历山大时，将舰队交给布律埃斯将军指挥，但他走时未

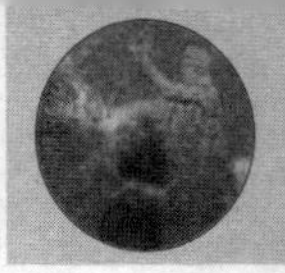

对下一步行动路线做明确指示。

英国舰队和法国舰队发生了这场海战史上极其惨烈的大拼杀。法国海军的骄傲——布律埃斯所在的旗舰“东方号”爆炸，全舰将士阵亡。至此，拿破仑与法国的联系被切断，只剩几艘传递公文的船只也有时刻被歼灭的危险。

接着在9月2日，又发生一件对拿破仑极为不利的事情——奥斯曼土耳其帝国向法国宣战。这就意味着拿破仑可能要面对更为强硬和广泛的抗法运动，并且还有土耳其和英国海军的联合进攻。虽然，拿破仑很久以后才知道这个消息，但他就算知道也会表现出视而不见的态度。他只是一味地巩固其在埃及的权力。

同时，拿破仑个人也有些烦恼需要整理。他得知约瑟芬对自己不忠，勾搭上了一位年轻军官，所以脾气变得越来越暴躁。而他自己，为了寻求安慰，看上了一个骑兵的妻子，她是偷偷地登上船跟着丈夫一起来的。

而在开罗，1798年10月末，爆发了大规模的起义，一石激起千层浪，紧跟着在乡村也发起了数次反对法军的起义。拿破仑命令军队残酷地镇压起义军，包围村庄，实施了惨无人道的屠戮——连续数天，每天都有十几个起义者被绞死；在村庄，他们烧毁房屋，把男子全部杀死，虐待妇女和儿童。

据后来的一些记载，当时在开罗的几个主要广场，每天都会看见一些驮着麻袋的毛驴，麻袋打开，头颅就会在广场上滚来滚去。

坐等挨打从来就不是拿破仑的性格，当他得知叙利亚的土耳其总督杰查正在阿克附近集结一支土耳其军队准备入侵

埃及时，他决定主动出击，并对自己在陆上的决胜有强烈的信心。1799年2月，拿破仑留下杜高镇守开罗，德赛将军继续讨伐穆拉德，自己亲率1.2万人向叙利亚进军。一路还算顺利。2月17日法军占领阿里什堡，接着，又占领了加沙。3月7日突袭雅法，并占领了该城。而就在这里，留下了拿破仑人格中最大的一个污点。他不仅允许法军进行大肆奸淫掳掠，还下令把投降的2500名土耳其士兵全部杀死。而他的理由却是他没有足够的粮食养活他们，也没有足够的军队押送他们。

3月17日，拿破仑到达海法，并在卡梅尔山设立司令部。与杰查的老巢阿克要塞隔海相望。负责把守要塞的是一位土耳其人，他得到了英国海军的支援——卓越的指挥官西德尼·史密斯海军准将和另一位同样卓越的炮兵军官菲力普斯。巧的是，菲力普斯不仅使拿破仑在巴黎军校时的同班同学，两人还同时取得的军官证。至于关系嘛，已糟糕到相互憎恶的地步。

再看看拿破仑，当他到达卡梅尔山的时候，运载其攻城炮的船只也到了阿克尔港外，不幸由于雾大，正好落入英国舰队的怀抱。因此拿破仑攻城时不仅没用上这些重炮，反而却遭到这些重炮的轰击，但他并不气馁（něi），经过十余天的布置，3月28日，发动了第一次强攻，此次没有成功。4月1日又一次实施进攻，结果也伤亡惨重没有成功。此时，英军又派800名陆战队员增援土耳其守军，法军更是难以攻克。而菲力普斯在此后的一周，由于过度劳累和瘟疫的影响，病死了。

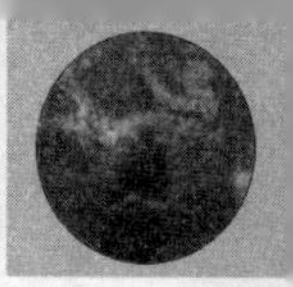

就在拿破仑久攻不下时，大马士革的帕夏又派出了一支土耳其大军从后方攻击围城的法军。4月16日，克莱贝尔率领一个2000人的部队在阿克东南方塔波尔山遭到了攻击。经过了长达10小时的英勇抗击，法军眼看支撑不住了，千钧一发之际，拿破仑亲率邦师赶到，及时击退了这股土耳其人。当晚，拿破仑在一个修道院过夜，后来的5周，拿破仑不顾伤亡，仍然组织部队向要塞强攻，结果都没成功，而且总工程师加法雷利将军也战死了。眼看无法攻克，伤亡又越来越大，5月10日，拿破仑只得放弃了攻城计划。

5月24日，士气低迷的法军撤回到雅法。6月14日，回到开罗。

7月25日，一支1.5万人的土耳其军队从阿布基尔附近登陆，拿破仑集结了一万多人后，对其发起猛攻，最终全歼了这支土耳其大军。这一事实说明，尽管英国控制了地中海的制海权，挫败了拿破仑建立“东方帝国”的计划，但埃及大陆的控制权仍牢固地掌握在法军手中。

此战后，双方交换俘虏时，拿破仑从西德尼·史密斯送给他的欧洲报纸中得知，法国国内局势正急转直下，处于风雨飘摇之际：第二次反法联盟正在建立；法国丢失意大利；法军在莱茵区一败再败；法国国内四分五裂，全国上下一片混乱。这不仅为拿破仑离开埃及，回到法国提供了借口，也为其更大的野心提供了契机。8月11日，拿破仑精心挑选了几个骨干，像他到来时那样悄无声息地离开了，抛弃了他的部队，他的情妇，只留下克莱贝尔继任东方军团司令。

拿破仑远征埃及虽然没有结果，但在这16个月零20天的

时间里，他占领了马尔他岛，征服了上、下埃及，消灭了两支土耳其军队，生擒了土军总司令，洗劫了巴勒斯坦和加利利，建立了一大片殖民地，他把西方技术嫁接到东方的枯枝上，创造了崭新的混合文明，搞成了埃及的“文艺复兴”。同时，他不仅展示了自己高远的志向，坚韧不拔的精神，也让我们看到了其残忍、自私、卑鄙、奸诈的秉性。不过，法国人民还是把拿破仑当做征服埃及的英雄来欢迎。拿破仑演出了世界近代史上著名的一幕。

发动政变

在回归巴黎的途中，拿破仑的心情焦躁不安。船队在大海中日复一日地航行，在甲板上，归心似箭的拿破仑来回踱步，面色凝重。他担心还没回到巴黎就成为英国大炮的炮灰。

从1797年10月18日以来，法国督政府几乎丧失了各个阶层人民的支持，它的腐败、无能以及贪婪，使法国人民越来越失望。在抵御反法联盟时，法国的经济状况也一片混乱，投机猖獗，物价飞涨，工人、农民等社会底层人民生活饥寒交迫。

47天的煎熬后，拿破仑的船队顺利地避开了英军舰队的拦击，于1799年10月8日，到达法国南岸弗雷居斯海峡附近的港口。

10月13日，督政府向五百人院通告了拿破仑已经回来的消息后，全场顿时爆发出阵阵掌声和长久的欢呼声。一时

间，巴黎人奔走相告，兴奋异常。人们怀着感激和期待的心情谈论着这位总是打胜仗的将军，把他当做共和国最杰出的人物来看待。将士们更是欣喜若狂地迎接着这位功勋卓著的司令官。拿破仑所到之处，到处是欢迎的人群，到处是等待接见的队伍，到处是大规模的欢迎仪式。

10月16日，拿破仑到巴黎后，卫戍部队奏着军乐走遍全城。这一切似乎是一种预示，人民对他的热情超过了对共和国的任何人。

拿破仑被民众近乎疯狂地欢迎感动了，他明白了远征中所遭受的一切苦难都是有回报的，同时也更体会到了军队的重要性，因为是军队才使他赢得这么大的荣誉。

当拿破仑疲惫地回到家中时，已是深夜时分了。他急切地想看到妻子约瑟芬，但却没有得到本应守候在家的妻子的拥抱和亲吻。就像他在地中海彼岸作战时听到的约瑟芬背叛婚姻的传言一样。这个放荡的夫人在丈夫归来后还不知道消息，待她赶回家时，拿破仑赌气将她关在门外，直到她哭泣不止，在两个孩子奥坦丝和欧仁的双双乞求之下，拿破仑才让她进了屋。

拿破仑暂时谅解了约瑟芬的不贞，可是这不等于他不明真相，不代表他就忘记了约瑟芬的背叛。从这以后，二人之间的关系发生了转折性的变化。但这都是后话，拿破仑随即开始了筹划夺取政权的举措。

拿破仑明白，要想从根本上打垮督政府，代替督政府的位置，除了要有军队做尖矛外，还需要有强硬的“政治团体”做后盾。于是，在接下来的两天里，他先后约见了塔列朗、雷阿尔、罗歇以及罗德雷等在当时的法国具有一定地位及影响的人物。其中，塔列朗和拿破仑较为熟悉，俩人常有书信往来，现在闲居在家。这是一个只要有可能就谁都会出卖的家伙，可他这次却决定追随拿破仑，还努力地为其提供各种可行的建议，积极推进事情的发展；而罗歇是督政府的警察总署，握有实权。他是一个见风使舵的人，看出了拿破仑的野心及能力，也决定跟随他。这样，拿破仑就把两个重要人物收入帐中。

可是，当时的陆军部长贝尔纳多特却对拿破仑有些微词，不过，他对督政府也没什么好感。他现在是拿破仑第一位未婚妻的丈夫，拿破仑哥哥约瑟夫的连襟，是拿破仑的亲戚了。拿破仑约他吃了一顿饭，知道了其中立的态度。

至于拿破仑麾下的将领，贝尔蒂埃、拉纳、缪拉、马尔蒙等，毫无疑问，他们是拥护拿破仑的，他们早就渴望自己的指挥官入主巴黎政坛了。

拿破仑对很多人都进行了观察和了解，做到了心中有数。但几乎所有的人都对拿破仑不很了解，他们以为拿破仑仅仅是能打漂亮仗的军人，而这个年轻的军人其实是依靠他

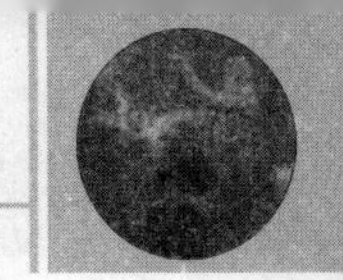

们这些人的帮助才取得成功的。拿破仑也极力装出一种假象，没有过早地暴露锋芒；他还尽量让公众相信，他是回来拯救共和国的，就连工人和普通市民都真的以为拿破仑是在解救法国。只有塔列朗除外，他已认识到拿破仑将是不可一世的独裁者。

接下来，拿破仑就要考虑剩余的四位督政府官员了，因为罗歇·迪科已经站到他那一边。其中，戈伊埃、穆兰这两人头脑简单，毫无主见，只会附和着西艾耶斯和巴拉斯，基本不会造成什么阻碍。所以，关键是如何对付西艾耶斯和巴拉斯。

开始，拿破仑想与巴拉斯合作，挤走西艾耶斯，但很快就发现这个方法行不通。因为巴拉斯不仅人品很差，还干过偷盗、贪污、投机倒把等勾当，现在几乎全法国人都对其厌恶至极！而西艾耶斯呢，在革命前夕，就因发表《什么是第三等级》而获得盛名。虽然在此后，毫无建树。不过，至少名声要比巴拉斯好得多！其实，西艾耶斯也正在物色一位能辅佐自己的将军，帮助其巩固统治地位。虽然他曾关注过北方英雄儒贝尔和莱茵军官莫罗，但儒贝尔战死，莫罗在政治上又不称他的意。现在拿破仑出现了，他似乎看到了胜利的希望。很快，在塔列朗的“撮合”下，二人便顺理成章地结成临时联盟。只是西艾耶斯万万没有想到在这场斗争中，不是拿破仑为他冲锋陷阵，而是他充当了拿破仑的马前卒。

这样，督政府的五名官员中，两位名存实亡，两位已经“另有打算”，只剩下巴拉斯一个人苦苦独撑了。

1799年11月9日，早上7点钟，当国民议会代表们来到会议

厅时，谁都还没有意识这一天对法兰西是个多重要的日子。

会议刚开始，西艾耶斯就摆出一副难过又心痛的样子说道：“共和国已处于危难之中，能拯救这个危难的只有一个人——那就是波拿巴将军，我建议由他担任巴黎卫戍司令，保卫巴黎，保卫和平。”

议员们在迷糊状态中，经西艾耶斯一煽动，很快通过了这项提议。

当了卫戍司令的拿破仑，随即任命勒费弗尔为副司令，并在士兵面前发表讲话道：“将士们，我们同甘共苦，创造了无数财富，征服了大片土地，现在有人想挥霍丢掉这些，你们答应吗？”

士兵齐声回答：“不答应！”

拿破仑又说：“如果现在需要你们用生命来保卫我们的共和国，并来支持与你们荣辱与共的波拿巴将军，你们愿意吗？”

士兵们又齐声答：“愿意！”

拿破仑看到士兵都响亮地回应，他高兴极了，于是放心去解决巴拉斯这个问题了。

当即，拿破仑带人来到巴拉斯家，当时他正在沐浴。听说拿破仑来了，他急忙披着浴衣来到客厅。

拿破仑对他道：“我是陪塔列朗来的，说几句话就走，你可以继续沐浴。”

塔列朗即细声对巴拉斯道：“西艾耶斯和罗歇等人已经同意由波拿巴将军出面拯救人民，我是来听听您的意见的。”

讲完后，拿破仑转头对法国身边的副官说：“你让士兵们回去吧，巴拉斯先生这里用不着他们，巴拉斯先生，

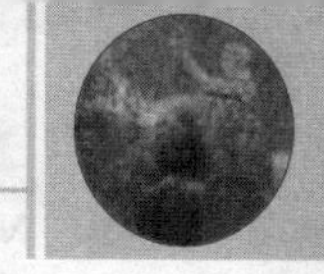

您说呢？”

巴拉斯不由冒出满头冷汗，他喃喃地说：“当然，那当然……只是我……”

“您只要在这上面签个字，保您平安无险，而且厚赏无数。”塔列朗说着，递给他一张早已拟好的辞职书。

无可奈何的巴拉斯只好乖乖地签上了自己的名字。

巴拉斯做梦也没想到，由自己提拔起来的这位小青年，现在终于羽翼丰满了，还转过头来革掉了自己的顶戴花翎。

随后，拿破仑和西艾耶斯这两个足智多谋的政治家制订了周密的政变计划。在政变那天，拿破仑派人散播谣言，说雅各宾派有人正在进行危害国家的阴谋活动。在谣言的压力下，迫使两院做出一项决议：把两院从巴黎中心迁移到离首都几公里的一个小镇——圣克鲁。

19日，当拿破仑来到圣克鲁，得知五百人院已经有人表示了不满，他们对强迫搬迁和被军队包围很反感，有人直接指责拿破仑是独裁者、罪犯、强盗。拿破仑不由得大吃一惊，但他对军队还算有信心。

下午1时，两院在圣克鲁宫的两个会议厅分别举行了会议，通过委托拿破仑制定新宪法的指令，然后自行解散。但是，时间一小时一小时地过去了，就连元老院也没有作出“决议”。

拿破仑决定马上采取行动，不然整个计划就要破产。他走进元老院的会议厅里，说自己是来帮助他们摆脱危险的，要挽救自由，假如他侵犯共和国的话，谁都可以惩罚他，然

后，他又说了一些威胁的话，提醒大家：他掌握着军队。但这一切努力都没有达到预期的目的。

11月18日，法国历史上的一个重要时刻终于到来。凌晨时分，所有忠于拿破仑的人全都穿着整齐的制服集结在他家。拿破仑还要去五百人院做“工作”，这难度更大。他只带几个士兵过去，跟随他在意大利作战的奥热罗将军也跟在后面。在进入大厅前，拿破仑回头问奥热罗：“你还记得阿尔科拉战役吗？”

那时，在奥军的枪林弹雨中，拿破仑打着大旗去抢占阿尔科拉桥，那是非常危险的。但眼下的危险程度不比那时差，当他刚刚出现在大门口，愤怒的喊叫声就劈头盖脸地迎来。幸亏身边的士兵及时分开了人群，把他救了出来。拿破仑的弟弟吕西安·波拿巴是五百人院的主席，正在主持会议，但他也没能稳住事态。拿破仑经过那危险的一幕后，就毫不犹豫地决定用武力解散五百人院。于是他把吕西安叫了出来，让他向列队等待的军队宣布：他们的司令处于危险之中，请求他们把会议的代表从“一小撮（cuō）狂妄之徒手中解救出来”。

士兵敲着大鼓、带着武器，一直冲进会议大厅，仅用了三五分钟的时间，逃出的代表们就被士兵从四面八方赶到一处包围了起来。

拿破仑命令抓几个代表回来，让他们组成五百人院会议，命令他们通过关于成立执政府的法令。这些人按照拿破仑的要求做完了一切，又表决通过了解散五百人院的法令，然后被释放回去。

晚上，元老院不加讨论就发布了一条法令，把共和国的权力转交给三个叫做执政的人。这三个人是拿破仑、西艾耶斯和罗歇·迪科。拿破仑早就决定实行完全的独裁，但眼下还不合适。好在他的两个同僚不可能起到什么作用，罗歇·迪科早就明白了这一点，而西艾耶斯却仍抱着幻想。夜间2点钟，3位新执政宣誓就职，然后拿破仑等人连夜回到巴黎。

11月21日晚，拿破仑迁入卢森堡宫。野心勃勃的拿破仑从这一刻，从这里开始了他的帝国之梦。表面上看是三位执政共同主事，实际上，拿破仑才是第一执政，是真正的独裁统治者。

第二天，拿破仑发布公告宣布自己就任共和国执政，也宣告了雾月政变的成功。它实际上也宣告了旧时代的终结和拿破仑帝国的开始。

迎战第二次反法同盟

就在拿破仑任第一执政的第二天，他就把贝尔蒂埃任命为陆军部长，这样，实际上所有军事大权都到他的手里了。接着，他又着手处理国内日益复杂恶化的事物，并为执行政法改革而不停忙碌着。一个月后，“共和八年宪法”问世。在此期间，他的妹妹卡罗利娜与缪拉将军结婚。

这时，由英国带头，拉着奥地利、俄国、西西里、土耳其组成的第二次反法同盟对法国形成包围之势。

拿破仑意识到，此刻的法国需要的是和平，不论是从

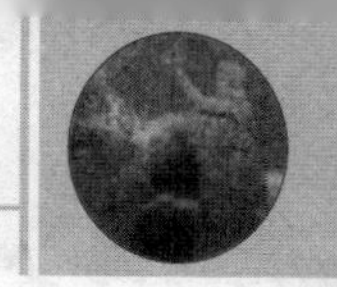

财政、物资、军需还是人民对战争的态度、军队的士气，都不允许法国有能力、有必要去做无谓的牺牲。于是，拿破仑一面下令马塞纳从瑞士回意大利指挥，并将莱茵和多瑙河的两支军团合成一个交由莫罗调遣；一边又积极发挥其外交才能，给英王和奥皇分别发去私人信件，希望能维持现状，和平解决争端。也许是拿破仑猜到了反法同盟的态度，或者是出于野性的使然，总之，在信件发出的同一天，他又向部队发出通告，内容为：

军人们！再也不要求你们保卫边疆了，我们必须打到英国去！

紧接着，拿破仑为了保证权力的稳定，任命其弟弟吕西安为内政部长；又从步兵、轻兵、骑兵、炮兵里挑选了精明强干的兵士组成了一支卫队，这支卫队便是后来的皇帝近卫军；同时，作为外交部长的塔列朗去向葡萄牙政府贷款，马尔蒙被派去阿姆斯特丹向当地商人借贷，最终，凑足了军队可以重整出发的权宜之款。

而第二次反法同盟拒绝拿破仑的和谈建议，不仅仅是因为他们认为这是拿破仑的诡计，更重要的是他们有信心打赢战争。反法同盟的后方老板是英国。但英国只是出钱却不出力，冲在反法同盟第一线充当打手的却仍然是奥地利。

1800年4月，奥军统帅梅拉斯向据守在热那亚的马塞纳军发起进攻。法军虽然受到两倍于己的奥军的围攻，但仍英勇抵抗。最后，马塞纳军团被一分为二，一支由苏尔特指挥撤回热内亚；一支被赶到了西边的尼斯。

奥军总司令的计划是尽快迫使马塞纳投降，以便大军西进，攻入尼斯、普罗日王斯、萨瓦，围歼富歇军团，并唤起

法国南方保王党叛乱，内外夹攻，造成法国瘫痪。奥军自认为自己的计划万无一失。他们认为，拿破仑必然会去解救被围困在热那亚的马塞纳。这样，必然会陷入奥地利军队的重围，说不定那时既可消灭马塞纳，也可击垮拿破仑，甚至连富歇军团也能顺便歼灭掉。在这里，奥地利军统帅恰恰忘记了历史的教训，他们并没有理解拿破仑，他们是按照自己的作战逻辑来推断拿破仑的。

拿破仑从不利之中看到了有利条件。他一眼看穿了奥地利军队大部屯集在背靠中立国日内瓦的地区，这正是法军可以从背后打击的地方。因此，他绝不顺着奥军的思路去想，也不去消极地解救马塞纳，而是把马塞纳军作为自己整个战役棋盘上的一部分，吸引奥军围困，牵制奥军失去主动。自己则大胆地打破瑞士的中立地位，取道瑞士的大圣伯纳德山口，从奥军背后进入意大利，以便从屁股后头出其不意地袭击梅拉斯，并夺取他的各个仓库、辎（zī）重库和医院，截断梅拉斯与本土奥地利之间的联系，并一战而胜。

战役取胜的条件是出其不意，关键在保密。拿破仑此时再次展示了他示假隐真的本领。他明知到处都是英国和奥地利的间谍，为了瞒住他们，必须给他们假信息，以便将其引入歧途。为此，他在第戎建立了一个预备队的司令部，并将3000～6000名老弱病残的士兵派往那里，还亲自于5月6日检阅了这支军队。英奥间谍得知消息后迅速将情报发回本国，各国普遍认为拿破仑声东击西，示假隐真。

奥国首都的报纸上便讽刺拿破仑的阴谋是小孩游戏，他们一致认为拿破仑不过是为了减轻马塞纳的压力。奥军自以

为得计，但实在是太低估了拿破仑。

5月7日，拿破仑一行赶到日内瓦。在日内瓦，拿破仑会见了一名参谋官。这位军官曾经接受拿破仑的授命去探测进入意大利的捷径。在那里他决定从大圣伯纳德山口进入意大利。为什么选择了这个山口呢？因为该山口的道路大部分可通马车，只有一段约15英里的路是马车不能行走的。

马尔蒙将军当时指挥炮兵，他发明了一个很巧妙的办法，把大炮从炮车上取下来，装到掏空的树干中，然后拖过山口。

截至5月17日，贝尔蒂埃已成功地把1.5万名步兵和1000名骑兵运过了山口，沙布南师也毫无困难地通过了小圣伯纳德山口，到达了奥斯塔。

拿破仑本人则于5月16日离开洛桑，在20日清晨越过了大圣伯纳德山口，不过不是达维德所描绘的跨着一匹剽悍（piāo hàn灵活而勇敢）的战马，而是骑着一头骡子，由当地一位向导牵着。

至此，法军实际上没有遇到任何抵抗。拉纳率前卫从奥斯塔向夏蒂荣迅疾推进，直下多拉巴蒂亚河谷。

1800年5月21日，梅拉斯得知一支强大的法军已经通过了大圣伯纳德山口，而且法军的数目比他预想的六七千人多得多，并出现在他意料以外的地点时，他惊恐不已，立刻赶回都灵。到了都灵之后，他又获悉他的对手是拿破仑本人。但是直到5月底梅拉斯才得知蒙塞正在强行通过圣戈塔德山口，威胁着米兰。

这时，他才看出了他所处险境的全貌。于是他把所有能

调回来的兵力全部匆忙调回，甚至还下了一道十万火急的命令给围攻热那亚的部队，叫他们撤回到亚历山大里亚。但是这支部队已经和马塞纳开始了交出热那亚的谈判。

当时，热那亚城的处境已万分困难。人们已大肆搜求马、狗、猫、鼠等用以充饥。到6月4日，马塞纳率领8000名饿得半死的守军，体面地打着军旗，通过奥军的阵地撤出。马塞纳这位严厉的军人根本不理投降之说。他只通知联军统帅说，6月4日他的军队将撤离热那亚；如有阻挡，他们将用刺刀杀出一条血路。6月2日，拿破仑进入米兰。6月9日，他率军前来斯特拉代拉。在那儿，他等候着从萨沃纳和切瓦两地传来富歇和马塞纳的消息。因为这两人的实力若能结合起来，那么他为奥军所设下的包围圈就可以说是成功了。但由于种种不能归咎于马塞纳的原因，这次会师之举被延迟了。

此时，拿破仑分析奥军会向热那亚逃跑，便率兵进入托尔托纳的平原地带，想阻截奥军朝热那亚转移。在斯特拉代拉隘道，他的胜利本来不会成问题。但是现在他占的地方太大，面太宽，以致在法军全线任何一点上，兵力都很薄弱，而他的敌人反而有利地占有中心地位。

拿破仑这时不得不使用包抄战术，这种战术4年前由奥军使用的结果证明，它常常会造成致命的失败。这次拿破仑一变他常用的战术，心里也忐忑不安。但是在这时德塞来了。他是从埃及返回巴黎就来到意大利前线的。他的到来使拿破仑精神为之一振。德塞品德高尚，作战英勇，他一到，拿破仑就和他热情地聊了3小时。

6月13日晚上，马伦哥平原一片静悄悄，这更让拿破仑

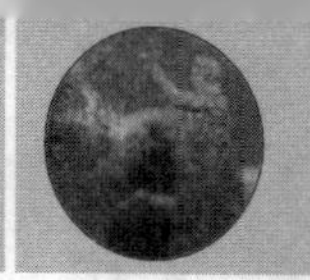

加深错觉，以为梅拉斯已经放弃决战意图，正在南撤热那亚。德塞奉命率领5300人开往热那亚以切断奥军向热那亚的退路。加尔达内将军指挥的法军先头部队则于13日下午在马伦哥村把敌人的前锋打退。加尔达内此时报告说，博尔米达河上没有桥梁，因此敌人不可能从那里过来进入马伦哥平原。但稍后，马尔蒙在当天晚上快速推进的时候，却发现在博尔米达河上至少有一座防御坚固的桥梁。

第二天一大早，拿破仑一发觉加尔达内的情报有错误，一方面对这位将军大发雷霆，一方面火速派了一名传令兵去把德塞叫回来。在德塞回到拿破仑这边以前，法军只有1.8万人，却要对付3.1万名奥军的进攻。

6月14日拂晓，在离马伦哥不远的地方揭开了战幕。积蓄已久的奥军在亚历山大里亚发起猛烈进攻，奥军在博尔米达河上新搭了浮桥，三路奥军并驾齐驱，直压法军。

维克托的9000人军团受到梅拉斯3.1万人和100门大炮的猛烈袭击。下午2时左右，战斗看来已经完全失败。下午3时以后，欢喜若狂的梅拉斯派了一个信使前往维也纳，报告奥军已获全胜，战无不胜的拿破仑已被击溃，他还报告了战利品和俘虏的数目。法军总部陷入混乱。拿破仑还很镇静，一再强调必须坚强，战斗尚未结束。面对败局，拿破仑十分伤心，但他没有绝望，他要等待援军，反败为胜。

在4点刚过的时候，情况突然发生了急剧的变化，德塞将军的师已经赶回，这个师是被派往南方去切断敌人从热那亚撤退的后路的，现在用最快的速度，在紧要关头赶到战场，给正处在高兴之中的奥军以沉重打击。

奥军十分确信自己会获全胜，所以在这个时候，整批整批的军队去休息和用餐。在遭到从天而降的德塞师的打击后，拿破仑全军也蜂拥而上，奥军被完全击败。到5点钟的时候，奥军就在法军骑兵的追击下急忙溃逃。德塞本人在攻击开始时被击毙，拿破仑在这一晚上，含泪说道："如果今天能够拥抱德塞，这一天该有多好啊！"

拿破仑的战友只看见拿破仑在战斗结束以后掉过两次眼泪。第一次是为德塞掉泪，第二次是在若干年以后，当拉纳元帅被炸断了两腿死去的时候。

正当维也纳宫廷收到梅拉斯第一次胜利的使人兴奋的消息而欢欣鼓舞的时候，紧接着第二个信使来到了维也纳，说第一个信使刚走不久奥军就遭到了很大的失败……奥军又失去了意大利。

关于在意大利的这次主要战役的消息，是过了6天以后，在6月20日（雾月1日）才传到巴黎的。但消息起初是不明确的。在城市里，人们都怀着激动的心情等待着消息，这时，一个信使带来了正式的消息：奥军被彻底粉碎，一半奥军炮兵被俘，成千的俘虏、成千的奥军士兵被杀。意大利又被拿破仑占领了。

在巴黎，在交易所附近，在银行附近，在大街上，人们的情绪更加高涨，因为是拿破仑得胜了，他现在争得了完全巩固的地位，并且有可能一方面用暴力来镇压"无政府状态"和一切侵犯有产者和私有财产的行为，另一方面，不让封建君主制度复辟。有些最坚决的雅各宾派沉默不言，保皇党人表现消沉。但由于首都和外地的高昂的兴奋情绪，这两

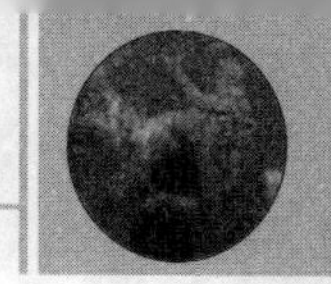

种人暂时都不被人们注意。

另外，还有一些人由于自豪而陶醉，因军事爱国主义而得意忘形，许多一直比较清醒的人也患了狂热病。这一切在拿破仑回到巴黎的时候达到了顶点。

马伦哥战役对意大利战场具有决定性的影响，也是粉碎第二次反法同盟的关键之战。6月19日，法奥签订了帕尔斯多夫停战协议，敌对行动才暂时停止。但由于英国仍未被击败，奥军又单独撕毁条约。这时，又传来消息，镇守埃及的克莱贝尔将军在开罗遇刺身亡，接替他的梅努是一个软弱无力之辈。在这些拖延与挫折的激怒下，拿破仑不退反进，立马重新集结军队，决定双面开火，彻底驱散这阴霾之气。这时，奥军又妥协，最终，双方于1801年2月9日签订了吕内维尔合约，宣布第二次反法同盟的结束。

除此之外，马伦哥战役之所以被人们津津乐道还在于拿破仑所表现出的令人吃惊的愚昧和荒唐，如果对手不是七十多岁、毫无生气的梅拉斯，那么，他遭受的无疑是致命的惩罚。

加冕称帝

现在，奥军已经停战，接下来对付的便只有英国，可是对于英国的海上霸主地位，拿破仑又显得无能无力。3月，在埃及的亚力山大港，英国舰队再次击败法国，终于使拿破仑向东方扩张的美梦有所醒悟。他想到，与其在对

外方面屡屡不顺，还不如暂时先放下，赶紧把混乱的国内治理一番，毕竟从开始执政到现在，自己的统治地位还是非常地不稳固。

一直以来，许多人都对拿破仑的专横执政颇为不满。一派是以保皇党人为代表，他们活动猖狂，极力盼望波旁王朝的复辟，甚至在西北不断地发起叛乱，拿破仑不得不一次次地派军队无情地镇压。而在1800年9月，拿破仑还给普罗旺斯伯爵（前波旁王朝国王的弟弟）写了一封信，内容是：

你不必考虑返回法国。否则，你的道路将异常坎坷，因为你不得不从十万死尸上踏过！

同时，为了赢取更多的民心，拿破仑还主动向被革命党人、甚至也是被他自己所不喜的罗马天主教会示好，因为它可以左右民众的感情。于是，在1801年7月，拿破仑与新上任的教皇庇护七世缔结了“政教协议”。教会归政府控制，天主教成为法国人的信仰宗教。

另一方面，共和派和雅各宾派也对拿破仑的统治异常愤慨，尤其是“政教协议”的签订，更是激怒了他们。就在1800年圣诞节，拿破仑乘车去剧院的途中，有人试图用炸弹谋杀他后，虽然查出是保皇党人干的勾当，但他还是佯装不知，并以此为借口，放逐了一批雅各宾人士。可想而知，双方的关系已是水火两重天。

拿破仑当然明白他的处境，他坚信大多数法国人是支持他的。于是，他在行政与财政上进行了多项改革，缓解了法国几乎停滞的经济，使人民对拿破仑的执政充满信心。在外交方面，拿破仑也没闲着，经过与英国政府长期的谈判，双

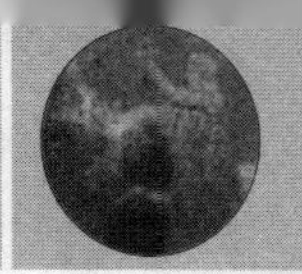

方终于在1802年3月25日签订了“亚眠合约”，英法战争重新归于平静。

之后的5月19日，拿破仑在军政方面也作出改革——废除旧的封爵制度，设立荣誉军团。虽然在当时引起了许多反对派的批评，但直到现在，法国还在沿用这一奖赏制度。另外，拿破仑还建立了国民教育制度，对科学研究予以支持和保护，并提出科学研究要有实用性。这所有的一切将拿破仑的声望提到了一个新的高度，人们惊叹地说：拿破仑解决内政的效率并不亚于他指挥作战！

拿破仑乘此时机，又做出一个大胆的决定，他断然取消了法国地方政府的自治制度，改为中央直辖制。而酷爱自由的法国人出奇平静地接受了拿破仑的中央集权制。因为他们对民主自由之类引起的内乱已经厌烦了。拿破仑洞察民情，以秩序和专制取代了民主和自由，是顺乎民心的，并于此后不久，即3月21日，颁布了《民法典》。

在当时，资产阶级意识到要想保证自己的利益，就必须保证拿破仑的地位，因为流亡在外的波帝王朝随时都有复辟的可能。于是，1804年4月18日，法国国民议会决定授予第一执政拿破仑·波拿巴以法国世袭皇帝的称号。

这时，拿破仑要做皇帝引起了一个女人的不安，她就是约瑟芬。本来约瑟芬对于成为皇后应该感到高兴，但是她已经不能生育，为法兰西生育一个法定继承人的伟大而光荣的任务她已经无法完成，于是，她对自己的婚姻毫无安全感。

拿破仑称帝没几天，授予了他麾下的18名军官为帝国元帅，其中现役14名，另有4名是年事已高的退役老将。拿破

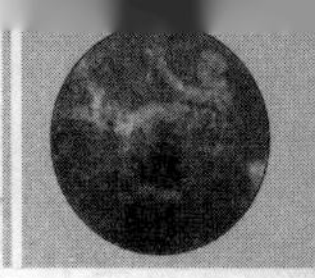

仑还对自己的一家人给了封赏，妻子约瑟芬被封为皇后，母亲莱蒂齐娅、妹妹艾丽莎和卡罗利娜被封称殿下，约瑟夫成了大选帝侯。

在拿破仑称帝加冕前，拿破仑还要求妹妹卡罗利娜等人为皇后约瑟芬托裙子，并要黛丝蕾在约瑟芬身后托手帕，还要她穿上蓝色夜礼服。

当卡罗利娜把这个消息告诉黛丝蕾后，黛丝蕾却沉入了痛苦的回忆。黛丝蕾依稀记得，在巴黎的那个雨夜，她就是身着一件蓝色晚礼服，闯进约瑟芬家里，把酒杯摔在了她的脚下并冲出屋门的。

她干涩地笑了几声，对卡罗利娜说道："别人都穿粉红色的，我穿蓝色的合适吗？"

卡罗利娜诡诈地挤挤眼说道："波拿巴说穿蓝色衣服时的你最美。这是他悄悄对我说的，他一直不能忘记你。"

晚上，黛丝蕾一夜未眠。她知道拿破仑可以对一万个人残忍暴虐，对她则除了不能娶她外，再也不会有其他的伤害。她知道自己忘不了拿破仑，而拿破仑同样在心底给她留下了一块绿洲。

事实也证明，在这之后尽管做了皇帝的拿破仑在生活中拥有了许多女性，但黛丝蕾的位置是没人能替代的，这除了黛丝蕾是他的初恋情人外，更重要的是黛丝蕾不计前嫌、一如既往地帮助他。因此她得到了拿破仑的敬重，同时拿破仑也给了她极大的恩惠。这恩惠除了金钱外，对她丈夫的诸多违旨行为，拿破仑也采取了宽容的态度，并且亲封贝尔纳多特为汉诺威总督，圆了贝尔纳多特想自己拥

有一片国土的梦。

加冕典礼定于12月2日举行。加冕仪式务必灿烂辉煌、堂皇富丽。人们从欧洲的四面八方而来，出席观看如此盛况空前、无与伦比的非凡表演，人人争相一饱眼福。

在加冕大典举行的前夜，拿破仑正处于百感交集、心潮澎湃的时刻。约瑟芬则难以控制内心的激动，喜形于色，眉飞色舞。拿破仑皇帝亲手为她试戴皇后的皇冠，明天，她将面对法兰西接受加冕。吕西安因为自己的婚姻未能得到拿破仑的认可一气之下远走意大利，而母亲莱蒂齐娅则坚持站在吕西安一边，因此他们不会来参加加冕大典。

母亲没有出席加冕典礼使拿破仑感到非常尴尬，他一面要人们把她忘记，一面又命令在他的加冕礼仪名册上给母亲标出显赫地位。

1804年12月2日，这天拿破仑到8点钟才起床。仆人给他穿衣：镶金白丝袜，白丝套裤，白丝绒上衣，金丝绒刺绣的紫红丝绒礼服上绣有月桂花纹，布满蜜蜂花饰，镶嵌有钻石领扣的紫红短披风，嵌着摄政王钻石，高插白羽饰的黑色天鹅绒帽子。

这身服装十分奇特而又华贵，拿破仑穿在身上觉得不自在，他咒骂献华服的人道："瞧这多美呀，混蛋先生。"接着，他又掐了掐仆人的耳朵，说："不过，我们将来得看看账单。"

早晨9点，教皇也起了圣驾去大教堂，他的一位随从穿着绣有十字架的高跟拖鞋，举着一个大十字架，令人见了好笑。过了两小时后，拿破仑和约瑟芬才登上金銮驾。

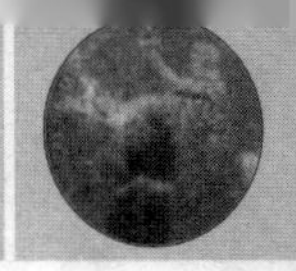

这是一辆四轮豪华马车，镶金镀银，光亮如镜。上面铺有白天鹅软垫，顶上雕有戴皇冠的帝国之鹰。盛大的护驾仪仗队紧跟着前往圣母院。沿途街道由士兵筑成了人墙，一路上钟鼓齐鸣，礼炮不绝，50万名观众的欢呼声不绝于耳，拿破仑享受着无上的荣光。

在圣母院里，人们拥挤着，却又害怕紧张地小声议论着，等看到拿破仑等人进来时，众人似乎都屏住了呼吸。为了让更多民众承认他的合法地位，拿破仑还把教皇庇护七世请了过来，此刻，他正双手抱胸坐于椅子上，一脸严肃。而拿破仑也没有像以前的皇帝那样跪在教皇面前，让他为自己戴上皇冠，而是自己伸手拿起就戴在了头上。约瑟芬见势，赶忙优雅地跪下，拿破仑又为其戴上皇冠，至此，拿破仑便正式成为法国皇帝，号称“拿破仑一世”。

▲ 拿破仑加冕图

颁布《民法典》

1804年，对法国、对世界、对历史都产生了巨大影响的《法国民法典》于3月21日正式通过公布实施。其实，早在1799年，拿破仑发动“雾月政变”夺取政权，成立了执政府以来，便开始积极地不遗余力地对法国的“烂摊子”施行了多项而系列的改革。首先，拿破仑宣布康巴塞雷斯和富歇继任司法部长、警务部长，又任命戈丹、贝尔蒂埃、塔列朗分别为财政部长、陆军部长和外交部长。除此外，他还任命西艾耶斯起草新宪法。虽然在关于大选长制的问题上两人发生了激烈的争执，但拿破仑最终赢取了这场政治决议！

拿破仑虽然没有经验，但他非常善于学习和积累，并且注重专家的作用。他关心人民疾苦，亲自巡视，了解国情和民情。在1799年12月25日，拿破仑自任主席，组建了包括全国29名行政人员在内的参政院，定期召开会议，解决民生问题。并于第二年2月17日，宣布取消地方自治制和选取制，各省区由一名行政人员直接对中央政府负责。这无疑便于其君主专制的执行，不过，由于加强了中央集权的力度，职权专业化，随即提高了政府的管理水平和办事效率。在工商业方面，拿破仑更是耗费心力，不仅对生产、销售、税率、关税、水运、陆运等了如指掌，为了保护本国工商业发展，还坚决施行关税保护政策，抵制外国商品的倾销，同时，使政府参与到国家经济中来，比如，政府津贴制、鼓励机器生产、建立新企业等。1800年2月13日，法兰西银行的成立，

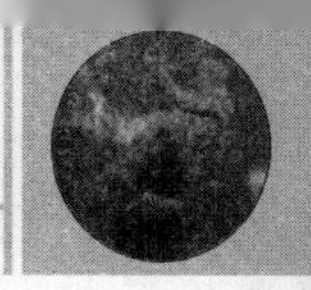

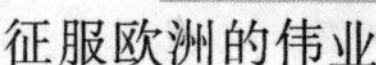

更是法国经济具有纪念性意义的新起点。

而在这些所有的行政经济改革中，《民法典》的颁布无疑是会被永久载入人类史册的，它是人类历史上的典范性法典。早在拿破仑担任第一执政10个月后，他便下令成立由四名委员——大理院长特龙谢、罗马法专家马尔维尔、政府司法行政长官普雷阿梅纳及海军法院推事波塔组成“民法起草委员会”，规定委员必须在11月内完成民法起草。起草委员会按期完成了民法草案，经大理院和上诉院研究修改后，提交参政院讨论修改。参政院围绕民法草案，共召开了102次讨论会，拿破仑参加公议97次。法典最后经立法院一致通过。

《法国民法典》又称为《拿破仑法典》，它是法国资产阶级大革命的产物，是资产阶级国家最早的一部民法典。随着100多年来法国政治、经济、社会情况的变化，法典历经多次修改，但直到现在，仍在法国施行。

法典除总则外，分为3编。第一编是人法，主要是对个人和亲属法的规定；第二编是物法，主要是对各种财产和所有权及其他物权的规定；第三编称为“取得所有权的各种方法”编，内容比较庞杂，包括：继承、赠与、遗嘱和夫妻财产制；债法，附以质权和抵押权法；还规定了取得时效和消灭时效。另外，这部法典还可以用3项原则予以概括：自由和平等原则——即每个人从成年起都享有平等的民事行为能力；所有权原则——即不论是动产还是不动产，其所有人都有权得到该财产所衍生的一切物；契约自由原则——即合约一经合法成立，当事人必须按照约定，善意履行，非经共同

同意，不得修改或废除。

《拿破仑法典》不仅巩固了法国大革命的成果，对法国资本主义的发展起了重要的促进作用。同时，由于拿破仑在军事上的扩张，使法典与革命的思想和精神也冲击了那些封建制国家，影响了许多国家的民事立法，是世界法制史上的一个里程碑，即使在今天的亚洲，民法典的影响也是显而易见的，其内在的价值和思想仍然散发着灿烂夺目的光彩。正如拿破仑被流放在大西洋的圣赫勒拿岛上时曾说过：

我真正的光荣并非打了四十次胜仗，滑铁卢之战抹去了关于这一切的记忆，但是，有一样东西是不会被人忘记的，它将永垂不朽——那就是我的《民法典》。

兵进维也纳

自从拿破仑称帝后，便开始了更有计划更有野心的扩张。1802年6月，与土耳其签订合约，强迫为法国开放博斯普鲁斯和达达内尔海峡。8月，同阿尔及利亚签订条约。法国势力便扩展到了伯罗奔尼撒半岛和塞尔维亚。同年秋天，拿破仑向瑞士宣布，撤销不干涉瑞士政局的决定，并命令英国联邦派的当局与军队立即解散。这种明目张胆破坏瑞士独立、不顾吕内维尔条约的嚣张行为，激起了整个欧洲的愤怒。拿破仑甚至这样说：

我宁可牺牲10万人也不会让英国人干涉你们的内政，如果英国内阁为你们说一句话，那你们一切都完了，我将把你们和法国合并起来。

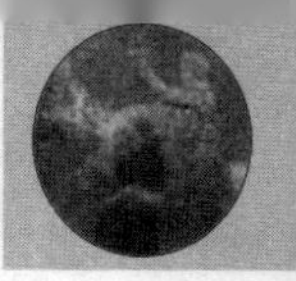

拿破仑原以为，只要自己承认英国的海上霸权地位，英国也会同意自己的陆上霸权。但他发现，事情并不是这样。虽然英国还没有做好战争的准备，而法国此时已与欧洲许多国家签订和平条约。

1803年2月18日，拿破仑在杜伊勒里宫接见英国大使威特渥特时，演出了大发雷霆和进行威吓的场面。他谈到了法国的强大，谈到如果英国敢于发动战争，那将是一场“歼灭战”，说英国对盟国的指望会落空，奥国作为一个大国已经“不再存在了”。

他讲话时盛气凌人，大喊大叫。对此，威特渥特在给自己的上司外交大臣霍克斯贝公爵的信中说：“我觉得与其说是在听欧洲一个最大国家的首脑讲话，不如说是在听一个龙骑兵上尉讲话。”

恫吓一下英国，从而防止战争，以便继续统治欧洲，这个念头一直没有离开拿破仑的脑子。但是这回他却棋逢对手了。当时在许多方面有着严重分歧的英国资产阶级和贵族都一致认为，不能容忍欧洲隶属于独裁者拿破仑。

在此之后，英国加紧扩充海军，装备军需；拿破仑则先后强迫荷兰、那不勒斯签订了不平等条约，而西班牙、葡萄牙也在其威胁之下决定保持中立，还必须每月向拿破仑缴纳巨款。

拿破仑似乎对战胜英国信心充足。他首先发起攻势——占领了整个汉诺威。这是英国国王在德国的一大块领地。接着他命令占领了还没有法军进入的南意大利的一些据点。他命令荷兰和西班牙提供海军和陆军来援助法国。同时，他马

上下令在一切附属地区没收英国商品，逮捕英国人，决定把他们一直拘留到同英国签订和约为止。最后，他开始在布伦（在英吉利海峡附近，隔海就是英国）建造庞大的军营。在那里集结了准备在英国登陆的大军。

在开战后的头几个月，英国人还在嘲笑拿破仑的登陆计划。但自1803年年底，特别是在1804年，英国人的态度就被完全改变了。可以说，这是英国从1588年迎战西班牙的无敌舰队以来，从来都没有如此惊慌失措过。这时，英国政府又得到一个令他们胆颤心惊的消息——拿破仑集结的队伍规模非常之大。

面对这种情况，英国政府只得找其他欧洲国家商议此事。为了阻止拿破仑的嚣张跋扈，阻止法国主导欧洲。1805年8月9日，奥、英、俄再次组成第三次反法同盟。

对即将而来的战争，英国人充满了必胜的信念，法国人也认为他们的军队在拿破仑的带领下必定势如破竹。拿破仑信心满满地说："只要有三天大雾，我就可以成为伦敦、英国议会和英格兰银行的主人。"

不言而喻，其计划是"三个雾天"，率领法国大军巧妙地绕过强大的英国舰队，然后横渡英吉利海峡，在不列颠岛上击溃英国，最后在泰晤士河边迫使英国缔结战败条约。

拿破仑从战争开始时彻底调整了军队的建制。为了区别于其他远离的卫戍部队和占领军军团，开往奥地利的军队叫做大军。大军分成7个军团，军团由拿破仑加冕后提升为元帅的那些最优秀的将领指挥，他们分别为贝尔纳多特、马尔蒙、达武、苏尔特、拉纳、内伊和奥热罗。

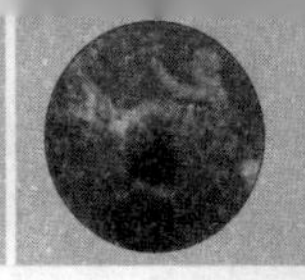

7个军团共有18.6万人。每个军团都有步兵、骑兵、炮兵以及所有军队必须设立的机关。拿破仑的想法是要使每个军团本身都成为一支独立的军队。主要的炮兵和骑兵队伍不隶属于某一个元帅，不编入这7个军团，而单独组成特种部队，由皇帝本人直接指挥。例如被拿破仑任命为骑兵队司令的缪拉元帅只是他的助手，是他的命令的传达者和执行者。骑兵队拥有4.4万人。拿破仑可以在他认为必要的时候用整个炮兵队和骑兵队来支援某一个军团。

拿破仑皇帝的近卫军与7个军团、炮兵、骑兵完全无关，它是单独存在的，由特别选拔出来的7000人组成。近卫军包括几个团的步兵掷弹兵和步兵狙击兵、骑兵掷弹兵和骑兵狙击兵、两个骑兵宪兵连、一个在埃及募集来的近卫骑兵连以及一个意大利营。因为拿破仑此时不仅是法国的皇帝，还是他所占领的北意大利和中意大利的国王。但是，面对俄、奥的参与，他不得不放弃原本攻打英国的计划，乘俄军未到之前，只有先把奥军打垮，才可谈今后的胜利。

为了能彻底击败奥地利，拿破仑决定首先占领其首都维也纳。而计划通往维也纳的路线有两条：一条是多瑙河谷；另一条是波河河谷。对此，奥地利当局对其早有防备，他们派奥地利最优秀的指挥官——查理大公带领一支9.5万人的部队驻守在波河流域，并且，此处有奥地利的失地伦巴第，可想而知，奥局对此甚为重视，队伍的主要任务就是对付法国的意大利军团。在多瑙河流域，年轻的费迪南大公带领着一支约6万人的部队把守着，虽然费迪南涉世未深，缺乏指

挥经验，但其参谋长老将麦克却颇有作战经验，他们的主要任务就是牵制法军一直等到十月份10万俄军的支援。

对此，拿破仑只有靠灵活与迅速取胜，必须赶在俄军到来前将奥军打败，才有取得最终胜利的可能。为此，他急忙做出部署：在俄军到来前进攻位于多瑙河的费迪南大公，同时，派马塞纳指挥意大利军团牵制波河的查理大公，不许其支援费迪南。

拿破仑思维敏捷，作战从不浪费一分钟。这时，他又想到了一个政治措施——争取中立国普鲁士的帮助。1805年8月24日，拿破仑派宫廷大总管杜洛克将军前往柏林，同普鲁士国王签下一项密约。然后，他还写信给巴伐利亚和符登堡的选侯，要求他们和法军结下同盟，这些小诸侯战战兢兢不得不接受拿破仑的要求。

这样，他就获得了用他们的领土作战场的权力，而且还为自己的军队弄到了4万援军。

处理完外交领域事务的当天，拿破仑就要求贝尔蒂埃命令5支独立骑兵师（约2.1万人）向莱茵河平行推进。8月26日，拿破仑指示贝尔蒂埃向大军团下达进军命令。大军团从海峡沿岸到莱茵河边的行军，全程375英里。

9月4日，拿破仑离开布伦前往马尔梅松。大军团已经出发，除奥热罗军外，其他各军到9月26日均已抵达莱茵河前线。

9月24日清晨，拿破仑离开巴黎，两天之后到达斯特拉斯堡，在那里找到了他的近卫军。此后，他便把他的大本营依次移向路德维希堡、格蒙德、阿伦和诺德林根，并于10月

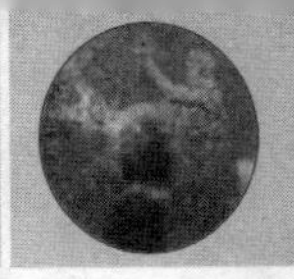

8日，在多瑙沃尔特渡过多瑙河。

现在，拿破仑的大军团全都到达或渡过了多瑙河。法军已横跨在奥军交通线的两侧，这时战斗还未开始，但法军却已赢得了战前的主动权。

10月6日和7日，法军渡过多瑙河包抄了奥军侧翼。奥军没料到法军竟如此神速，其统帅麦克陷入了绝望之中，他被彻底孤立，他指挥的奥军向慕尼黑溃逃。

在法军缪拉部的打击下，10月8日，金迈尔被迫往南撤退。缪拉到达韦尔廷顿时，恰与增援的奥军劳伯格师相遇。此时，缪拉迎头发起冲锋，打退了这支部队，并俘敌3800人。贝尔纳多特指挥的第一军接着追击金迈尔。10月12日，驻军进入慕尼黑，并把金迈尔从瓦塞堡撵过了莱茵河，使其遭受了惨重损失。

现在，麦克的5万人被逼退到了乌尔姆附近。拿破仑这个大章鱼的触手正向他逼近。法军马尔蒙部已南进奥格斯堡，接着又西进控制了乌尔姆之南的伊勒河山脊。

达武的第三军是预备队，苏尔特的第四军已抵兰茨贝格的莱茵河谷，并将切断乌尔姆与南部的交通线。拉纳的第五军和内伊的第六军沿多瑙河西岸向西挺进乌尔姆，从而完成了对乌尔姆的合围。

在亚贝克，内伊的一个师与奥军发生激战，俘虏奥军3000人，而魏尼克带兵突出重围，于18日到达干诸德林根附近。这时拿破仑派缪拉的骑兵猛力追赶并在此地将其包围。魏尼克最后不得不率8000人投降。奥军费迪南大公则率几百名骑兵仓皇逃到了波希米亚。

麦克的另一个师在斯潘根指挥下向南突围，但法军苏尔特在梅明根拦截了该师，苏尔特俘敌军5000人并缴获大炮10门。奥军杰拉齐赫军6000余人在合围之前，已向南逃往福拉尔贝格。

10月16日，法军炮轰乌尔姆。拿破仑同时向麦克招降。拿破仑威胁说，若不投降，奥军就会落到雅法土耳其守军的下场。其实拿破仑此时也急于解决战斗，因为他的给养已全用光了。3天之后，麦克决定投降。20日上午，乌尔姆的全部守军，计有16位将军、3.3万名官兵和60门火炮，列纵队从拿破仑面前走过，并放下了手中的武器。

在乌尔姆之战中，法军仅有500人阵亡，1000人受伤。拿破仑自己总结说，他的这次胜利是靠士兵的双腿，而不是靠他的刺刀赢得的。

拿破仑在乌尔姆之战歼灭了麦克的主力之后，乘胜进军，于11月14日进入了维也纳。奥皇及其朝臣则逃到了摩拉维亚的首都布尔诺。

三皇会战

在布尔诺以东13英里处，有一个小村名叫奥斯特里茨。11月19日，奥皇进入此地。

为了侦探俄军实力，拿破仑派其侍卫长萨瓦里打着休战旗来到奥斯特里茨，借此清晰地了解了俄奥联军的意图。

在会战打响前，俄奥两国联军司令部就究竟是迎战拿破仑还是继续撤退发生了争吵。俄奥联军总指挥库图佐夫等大部分将领认为，俄奥联军应该继续撤退，等普鲁士大军加入以后再与拿破仑开战，胜算必定大增。与他们意见相左的是俄皇亚历山大一世，这位对军事一无所知、虚荣心泛滥的大帝认为联军已足够庞大，取胜拿破仑当轻而易举。

到11月30日为止，法军已在布尔诺集结了6.5万人，而与之对抗的俄奥联军则达8.2万人，其中俄军5.2万人，奥军3万人，分别由俄皇亚历山大和奥皇弗朗西斯亲自指挥。

12月1日，拿破仑将全军沿一条叫做戈尔德巴赫的沼泽小河的右岸向东展开，其正面宽6英里，该阵地在布尔诺以东6英里，并处在布尔诺与奥斯特里茨村中间。法军阵线的左翼是桑屯，那里有一座隆起的圆丘可依托。法军的右翼有连串的湖泊和沼泽地可作护卫，但法军阵线的中部却处在一个地形起伏的高地的控制之下，这个高地叫普拉岑，被俄奥

联军据守。

在桑屯圆丘附近是拿破仑所设的指挥部所在地。拿破仑站在高丘上，可以看到戈尔德巴赫河谷和对岸的普拉岑高地。

而俄奥联军方面，最终没有听从库图佐夫的建议，反而听从了库图佐夫的参谋长——奥地利将军魏罗特尔提出的计划。该计划认为拿破仑败北无疑，并且战败后会退至维也纳，因而按计划是牵制法军左段，联军主力则迂回拿破仑右翼，切断其退路。

实际上，拿破仑即使战败了，也不会退至维也纳，他会选择退向波希米亚，因为那里可以为他提供一条更为方便的退路直达莱茵河。

12月1日夜里，拿破仑骑马沿着前线巡视了野营部队。他注意到了敌军的营火集中在普拉岑高地的后面和利塔瓦河谷。这进一步证实了他的预测：敌人将试图迂回其右翼。

当他从士兵行列中穿过时，士兵们点燃用铺草做成的火炬为他照路，"皇帝万岁！"的欢呼声响彻河谷。说也奇怪，敌军竟把这一举动看成是法国军队为掩护退却而采取的一种欺骗行为。

12月2日凌晨，奥俄联军开始前进。他们分为6个纵队：北面的2个纵队由巴格拉吉昂亲王和列克敦斯坦亲王统率，他们横跨布尔诺——奥斯特里茨大道两侧，负责攻击由拉纳的第五军和贝尔纳多特第一军据守的法军阵线，在这两个纵队之后充当预备队的是康斯坦丁大公指挥的俄国近卫军。

在中部，柯罗华特指挥的奥军2.5万人负责进攻在柯贝

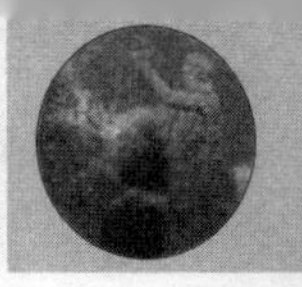

尼茨的苏尔特军。联军的主攻方向在普拉岑高地以南，承担这一任务的3个纵队共3.3万人，由俄军将领布霍夫登指挥。他们负责进攻戈尔德巴赫河畔的苏尔特军的南段，该处现为莱格朗师所据守。

俄奥联军开始发起进攻时，由于数量上占优势，作战取得一定进展。法军一路被逐退到马克斯多夫和屠拉斯。拿破仑随即命达武的第三军向俄军左翼进行反冲击，结果俄军伤亡惨重，被逐退到戈尔德巴赫河。在普拉岑高地的库图佐夫，此时本应留在高地控制全局，他却随柯罗华特军去进攻法军中段防线，这给拿破仑造成了一个绝好的机会。

12月2日，当鲜红的太阳普照奥斯特里茨大地时，拿破仑从望远镜中看到普拉岑高地几乎已无俄军防守。他立即意识到自己的机会来了，决心来个中心开花，占领敌人放弃的中央高地。他马上命令达武的中锋部队出动两个师占领了中央高地，从而将敌军拦腰切成了两段。

柯罗华特纵队在前进中遭到侧翼攻击，秩序大乱，四散溃逃。当时的沙皇亚历山大一世与俄军总司令及其司令部正好在柯罗华特纵队的后面，由于柯罗华特部队的溃散，因而失去了对部队的控制。与此同时，拉纳在北段成功地击退了巴格拉吉昂的攻击，并和贝尔纳多特及贝西埃尔的近卫军重骑兵向敌人发动猛烈进攻。

此时，拿破仑军在内线，可以任意增援任何战场部位；而俄军则在一条不规则的外线，彼此处于分割状态，局势开始对法军有利。沙皇和库图佐夫意识到处境危险，于是命令俄军夺回普拉岑山，但几次攻击都失败了。拿破仑利用局部

的压倒优势及居高临下的地位发动反击，将敌军包围并追至狄尔尼兹和察特卡尼之间半结冰的湖泊上。湖泊的冰面被法军炮火击碎，致使敌军整团整营地淹死，或者被击毙，侥幸逃生者也成了俘虏。其状态之惨烈，目不忍睹。

经过数小时的激战，联军死伤3.3万人，损失168门大炮，全军溃不成军，事实上已被消灭。俄皇回天乏力，加上库图佐夫受伤，险些当了战俘，侥幸向东逃遁。

当晚，奥皇弗朗西斯建议休战。第二天双方和谈。12月27日，法奥签订了《普莱斯堡和约》，俄军撤出战场，第三次反法同盟由此告终。根据《普莱斯堡和约》，奥地利承认法国对皮埃蒙特、热那亚、巴马等意大利地区的占领；承认拿破仑为意大利国王，并把威尼斯、伊斯特利亚、达尔马提亚交给意大利王国；承认巴伐利亚和符登堡为王国，巴登为公国。《普莱斯堡和约》约束了第三次反法同盟，并导致德意志神圣罗马帝国的终止。

奥斯特里茨战役，历史上也称为“三皇之战”，是拿破仑一生获得的40余次胜仗中最光辉的一次胜仗，也是拿破仑军事生涯巅峰上的一篇杰作。拿破仑在敌强己弱的形势下侵入异国作战，进行了杰出的外交活动。

拿破仑本来准备的是对英战争，后来依据情况变化挥师东进，进行了历史上一次大规模的近代意义上的分进合击战略大行动。其军队的行军、后勤保障等都组织得十分精彩。在战役进行过程中，拿破仑善于随机应变，及时敏锐地发现敌人的失策并以闪电般的速度加以利用，给敌人以沉重打击。这是奥斯特里茨战役取胜的重要原因。尽管他的军队在

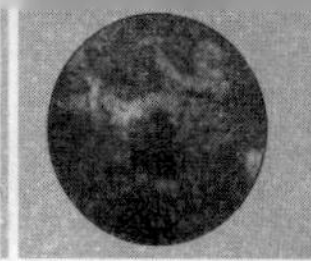

数量上处于劣势，但仍能保持着一支适当的预备队来左右战局，并在敌军溃退时给予猛烈的追击，给敌人以歼灭性的打击。在如此不利的条件下取得如此辉煌的胜利，确实是世界战争史上的一个奇迹，也是拿破仑战争史上的一个杰作。

耶拿之战

普法矛盾的激化是由英属汉诺威的归属引起的。1806年，英国首相威廉·皮特去世，他是一个极度憎恶法国军队和拿破仑的人。但是法军大败俄奥联军，瓦解了威廉辛苦维持的反法联盟。结果导致英国国内对威廉如潮的批评。在格兰维尔当了英国首相之后，决定与法国缔结和平条约。

拿破仑为了在条约中达到自己想要的目的，表示可以将汉诺威重新划归英国版图。而普鲁士这边则不干了。因为普鲁士曾用两个侯国交换了汉诺威。拿破仑这种两面三刀、背信弃义的做法令普鲁士举国震怒。而1806年7月21日，德意志各国君主与塔列朗在巴黎签订莱茵同盟的行为进一步对普鲁士火上浇油。

与此同时，自从奥斯特里茨之战后，法军不但没有撤出奥地利，反而还在不断增兵驻扎。这引起了德意志人民的强烈反感。8月9日，普王宣布对法战争总动员。8月25日，普鲁士决定成立两个军团，分别由布伦瑞克和霍恩洛厄亲王指挥，另一个独立军团由布吕歇尔将军带领。全军共计13万人。

普鲁士的突然行动让拿破仑非常吃惊，他本来正在考虑从德意志撤走大部分军团，此时，却不得不使本来进入休息状态的军队重新进入警戒状态。另一方面，由于拿破仑垄断帝国市场，极力想把英国人从欧洲赶出去，使法国夺取在欧洲的一切销售市场，发布了一系列不合理的法令：不列颠群岛被宣布处于封闭状态，禁止与不列颠群岛的任何贸易和任何关系，禁止与英国人在邮政和其他方面的关系，同时还下令逮捕各处的英国人，并没收他们的商品和财产。这项法令要求整个欧洲都要服从它，以起到对英国的封锁作用。

普鲁士、萨克森和其他德意志国家必须出钱供给驻扎在被占领国家内的法国大军的费用，汉撒同盟各城市还必须出钱供养设立在德国沿海的防止英国货走私的税吏和海岸警备兵。后来，波兰、俄国也被迫参加了拿破仑的大陆封锁体系，这是法俄矛盾的导火线。

随着时间的推移，这种根本违反经济规律的大陆封锁政策引起了欧洲各国强烈的不满。物美价廉的英国商品以及英国殖民地的许多生活必需品的断绝，给欧洲居民的日常生活带来了极大的困难，太太小姐们没有了化妆品，许多人喝奶没有了糖，茶叶也成了极度稀缺品。英国为此而受到巨大打击，但欧洲各国的经济也受到了很大的影响。于是，英国处心积虑地破坏大陆封锁，他们先是从西班牙打开缺口，然后又鼓动俄国反对大陆封锁。正是这两处的战火，终于使拿破仑处于东西两线作战的困境，把这支欧洲最有战斗力的军队死死地拖在了那里。也正是大陆封锁，使拿破仑战争打破欧洲封建制度的进步性大打折扣，从而使他和法国陷入了与整

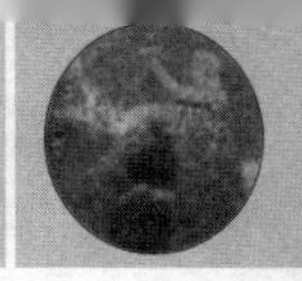

个欧洲为敌的地位，并最终导致了他的灭亡。

在大陆封锁政策刚刚推行的时候，拿破仑所考虑的还是如何占领波兰、打败俄国的问题。因为在英国的动摇下，虽然失败但还有力量的俄国军队正源源不断地向西开进。

1807年的法、俄、波兰之战开始了。

为了自身的利益，为了守住国门，也为了解救普鲁士，俄国认为自己有向拿破仑挑战或应战的必要。于是，亚历山大率军队向普鲁士进发了。亚历山大这一次发动进攻，比1805年有更直接的原因。除了大陆封锁问题外，其国土正受到威胁，一是拿破仑的军队已从柏林开往东方；二是波兰借机向拿破仑请求独立，以摆脱俄国。这样一来，俄国不仅将失去波兰，还将失去立陶宛、白俄罗斯和乌克兰。

俄国人知道他们的敌人是相当强大的，亚历山大首先派出10万大军和若干哥萨克团队与拿破仑作战。

◎哥萨克：即突厥语中的“自由人”，是对从13世纪至15、16世纪，那些为了逃避蒙古帝国钦察汗国的统治而逃到俄罗斯南方并建立政权的南斯拉夫人、俄罗斯人、乌克兰人的统称。哥萨克人以英勇善战著称，在俄罗斯历史上，沙皇通过收买哥萨克上层人物而控制哥萨克人。哥萨克人组成的骑兵，是沙俄的重要武力。

1806年10月15日，法军兵分三路，贝尔纳多特的生力军和拉纳军、苏尔特军、缪拉军以及奥热罗和达武的军团开始了对普军的大追击。法军的穷追猛打让普鲁士人闻风丧胆，法军所到之处均像一阵龙卷风似的，没有任何东西能够抵抗它的威力。

法军在1806年11月就开进了波兰，波兰人因为终于摆脱

了俄国的统治而欢欣鼓舞。但拿破仑不屑于他们的独立要求，他只想把波兰当做战争的前哨和资源掠夺的宝库。

11月，俄军的先头部队进入华沙。拿破仑命令缪拉和达武立即前往华沙。11月28日缪拉率领骑兵进入华沙。这个城市是普鲁士人在头一天晚上放弃的，他们跑过维斯杜拉河，并把大桥烧掉了。最后，拿破仑本人也到了波兰，起先在波兹南，后来在华沙。他对前来向他致意的波兰贵族说，首先必须恢复波兰的权力。拿破仑刚一离开华沙就向俄军进攻。经过几次小的接触后，1806年12月26日发生了普图斯克战役。

俄军是由本尼格森指挥的。亚历山大对他既反感，又害怕，正如对所有杀害父亲保罗的杀手一样，但是由于缺少更合适的人，也就任命了他。法国军队是由拉纳元帅指挥的。战斗的结局没有明显的胜负，但双方都向自己的主子报告自己获得了胜利。拉纳向拿破仑报告说，俄军遭受到了很大的损失，被从普图斯克击退；本尼格森向亚历山大报告说，他已经把拿破仑本人打败了。拿破仑根本就没有在普图斯克，甚至也没有到过普图斯克周围的地方。

法国人从这次战斗中已经看出，他们必须与之作战的不是已经心灰意懒的普鲁士军队，而是生气勃勃的、顽强战斗的俄国军队。拿破仑在波兰共有10.5万人左右，其中将近3万人是驻扎在城市里的警卫部队和驻扎在托尔恩和格拉乌顿茨之间的后备队。这种后备队是供紧急之需的，为了防备来自梅默尔的可能的进攻，尽管弗里德里希·威廉几乎已没有任何力量了。本尼格森有八九万人。双方都在寻找战机。

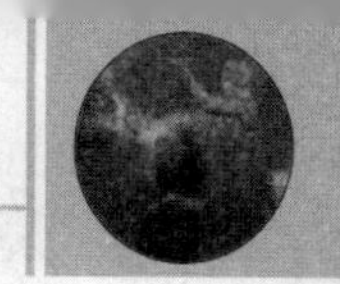

1807年2月8日，俄法两军在东普鲁士小城艾劳会战。法军由拿破仑亲自指挥，俄军仍由本尼格森指挥。双方顽强血战，不分胜负。拿破仑此战似乎企图依赖其实力压倒对方，但俄军与失败中的普军不可同日而语，十分顽强，也很镇静。在战斗中方才发现，俄军的炮兵比法军的炮兵多得多，法军元帅没有按拿破仑指定时间进入战斗。奥热罗军的军团几乎全部被俄军炮兵消灭。拿破仑自己在艾劳墓地旁（战斗的中心地点），也几乎被俄军炮火击毙。拿破仑认为，不到万不得已，军队总司令不可到炮战最激烈处去冒生命危险。但在艾劳，他又认为出现了与在洛迪桥、阿尔科拉一样的情况，因而需要他到第一线去稳定军心。

拿破仑周围的护兵、副官、传令兵等不断地被敌人打死，拿破仑在死尸堆中出奇地冷静，坚决果断地发布命令，最后终于等来了全部法国骑兵，对俄军主力展开了有效的进攻，方使战场局势改观。艾劳墓地仍在法军手中，战场推向俄军方向。法军通报俄军已经逃走，法军取得了胜利。但拿破仑心里明白，本尼格森还保留着强大的军队。

法军以重大代价消灭了本尼格森军的三分之一，这是拿破仑战争中流血最多的战役之一。这也是拿破仑在顺风顺水中的一次不能算做胜利的胜利。

从此以后，他学会了对俄军的谨慎，并极力与俄罗斯妥协。那种像消灭普鲁士和战胜奥地利一样痛快淋漓地消灭俄国军队的情况，已经不是他对俄作战的立足点了。

因为战斗中法军伤亡很多，战斗力锐减，拿破仑决定等到春天再恢复军事行动。由于法国相距甚远，中间要经过敌

视自己的国家。而俄军几乎如待在自己家里一样，因而拿破仑不得不把主要精力用在补给、补充和伤病员身上，以鼓舞士气；因此，他不在豪华的华沙宫中舒舒服服地度过冬天，而是深入前线去慰问伤兵，激励部队。

到5月份的时候，拿破仑重新命令部队进入战斗准备状态。而俄方本尼格森不知道这个情况，决定在6月初开始进攻。亚历山大一世亲自来到军队催促本尼格森采取行动，他认为，拿破仑在2月8日已经遭到可怕的打击，而现在冬季已经结束，道路通行无阻，不应该放过这个机会。

6月5日，根据本尼格森的命令，巴格拉吉昂进攻离俄军驻地最近的内伊元帅的军团，而哥萨克的将领普拉托夫则渡过阿勒河。内伊率法军且战且退，同他作战的共达3万人，比他的人数多得多，同时，俄军在其他据点也展开了进攻。

拿破仑原计划在6月10日向俄军进攻，俄军的突然进攻使他立即改变了计划。他马上赶到现场，惊奇地看到俄军不知什么原因突然按兵不动，竟不再追击内伊的军团，停留不到两昼夜，又出乎意料地撤回去了。拿破仑迅速集中了6个军团的兵力，再加上自己的近卫军共有12.5万人以上。他向元帅们发出了向俄军实行总反攻的命令。

这时本尼格森那边能够作战的人数是8.5万人。在盖尔斯堡的近郊，本尼格森固守在加强了的阵地上，6月10日，在这里发生了一场延续数小时的战斗。法军先头部队伤亡近8000人，俄军伤亡将近1万人。

拿破仑把两个军团调往科尼希斯贝格的大道上，由于这一行动，本尼格森就往东北向马滕斯泰因撤退。本尼格森在战斗中受了伤，他以为盖尔斯堡的战斗可以稍微阻挡一下拿破仑，但是法国皇帝却把自己的主力经由艾劳直接调往科尼希斯贝格。他预料到，本尼格森将力图拯救东普鲁士的这个主要城市。

6月14日凌晨3点，拉纳元帅发现，在头天夜晚进入弗里德兰阵地的俄军准备从那里渡过阿勒河到西岸，向科尼希斯贝格前进。拉纳元帅立即开火。

1807年6月14日，拿破仑下令全军投入战斗，他自己也奔往战场亲自指挥。他发现了本尼格森的致命错误。本尼格森急于渡河，把大部分军队都集中在阿勒河湾，被挤压在这里。内伊元帅接到一个危险的任务——冲入俄军之中。科洛格里沃夫指挥下的俄军近卫骑兵非常勇敢地进行了自卫。

为了进攻而紧密地排列在一起的内伊军团，在进攻的时候有一部分被消灭了。最后法军攻入弗里德兰，破坏了阿勒河上的桥梁。

尽管俄军非常勇敢，但是总司令本尼格森的致命错误使他们完全毁灭了。俄军的炮队几乎全部落入拿破仑之手。本尼格森在丧失了自己的炮兵和遭到惨重的损失后，又被法军紧逼，便迅速向普列格里河撤退。避免全军覆灭的唯一办法就是逃跑。在弗里德兰战斗之后，法军苏尔特元帅立即进入了科尼希斯贝格，在那里获得了大量作战物资。

1807年6月22日，亚历山大派了将军洛巴诺夫·罗斯托夫斯基公爵到提尔西特去见拿破仑。在弗里德兰战斗之后，法国皇帝就住在提尔西特。

拿破仑开始同洛巴诺夫谈话的时候，走到一张放着地图的桌子前面，指着维斯杜拉河说道："这就是两个帝国的边界，在边界的一边应该由你的主子来统治，而在另一边则由我来统治。"

当亚历山大及其随从人员知道拿破仑同意停战和签订和约的时候，大家都欣喜若狂。亚历山大一世马上下令告诉拿破仑，他热烈地希望和拿破仑订立亲密的联盟，并且只有法俄联盟才能给全世界带来幸福与和平。在批准停战条款后，他想亲自会见拿破仑。

1807年6月25日下午，拿破仑与亚历山大一世在涅曼河中游一只设有帐篷的木船上举行会晤。在这次会晤中，令人惊诧的是，拿破仑和亚历山大一世不像是你死我活的仇人，倒像一对分别多年的老友，还共同表示了对英国的憎恨。

6月26日，亚历山大接受拿破仑的邀请，到了提尔西特，从此，两位皇帝每天都见面。1807年7月7日和7月9日，拿破仑分别与俄国和普鲁士签订了提尔西特和约。

提尔西特和约是世界近代史上影响深远的一个条约。它之所以出名，是因为它是拿破仑的事业登峰造极的标志。和约对普鲁士极其苛刻，仅仅给它留下了"旧普鲁士"，即波美拉尼亚、勃兰登堡和西里西亚3个省，它的所有其他领土都被割去。

易北河以西的领土划入了新成立的威斯特法利亚王国，拿破仑任命其幼弟热罗姆为国王。普鲁士多次瓜分得到的波兰领土的绝大部分组成了华沙大公国。

和约对俄国极其宽容，不仅没有丢失领土，反而得到了普鲁士的比亚威斯托克地区，并获得在瑞典和土耳其的行动

自由权。此后，亚历山大又从瑞典手中夺取了芬兰，从土耳其手中夺取了比萨拉比亚。普鲁士人口从1000万骤减为493万，成为德意志的一个小邦国。

提尔西特和约宣告了第四次反法同盟的失败，也是拿破仑联俄反英战略的一次胜利。根据条约的规定，俄国参加了对英国封锁的大陆体系。至此，欧洲大陆封锁的体系终于实现。

第三章

英雄路的转折

- 西班牙挫败
- 再次结婚
- 艰难征俄
- 兵败莫斯科
- 形势突变
- 被迫退位
- 东山再起

西班牙挫败

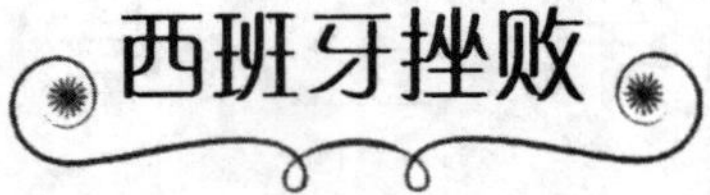

1807年7月27日，拿破仑回到了巴黎。法国人们称凯旋而归的拿破仑为“大帝”，他们满心欢喜，以为欧洲大陆的和平有了铁一般的保障。

从1807年秋天到1808年冬天，拿破仑的朝廷沉溺于奢华的生活中，旧贵族和新贵族、旧资产阶级和新资产阶级互相攀比，在宴会、筵席、舞会上摆阔气，人们挥金如土。外国的亲王、附庸国国王也来朝见皇帝，长期住在首都巴黎，花掉大量的金钱。杜伊勒里宫、枫丹白露森林、圣克鲁、马尔梅松被装饰得如同童话里的仙境。

拿破仑刚从提尔西特回来就开始准备派军队通过西班牙去远征葡萄牙。很多人一点也不明白他为什么要这样做。

拿破仑的计划是迅速收紧套在英国人脖子上的大陆封锁绳索，使其窒息而死。好战的拿破仑这次为什么不直接出兵英国，以武力征服大不列颠群岛呢？这是因为，自特拉法加海战后，法国海军丧失了和英国抗衡的能力；另外一个原因拿破仑已经控制了欧洲大部分国家，只要他继续推行大陆的封锁体系，英国经济必定大大衰退，当英国经济陷入绝境时，它自然会向法国求和。

西班牙占据伊比利亚半岛的大部，西临大西洋，东濒地中海，南及直布罗陀海峡，地理战略位置十分重要；历史上曾是海上霸主国家，在全球特别是美洲有广阔的殖民地，但此时却已衰弱不堪，既怕英国更怕法国。国王查理四世是一

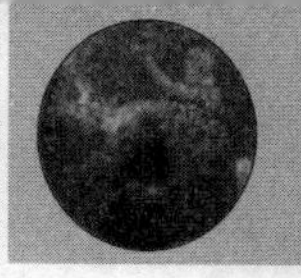

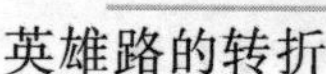

个懒惰而低能的国王，治理国家主要靠亲法的首相戈多伊。而这位戈多伊既是国王的宠臣，又是王后的情夫。此事人人皆知，只有昏庸的国王一人被蒙在鼓里。在这样的国情之下，战争只要与这位宠臣策划一下就可以了。

1807年11月初，在朱诺的军队开进西班牙之前，拿破仑就已派出3个法国军团进入西班牙北部地区。作为征服西班牙的第一步，他在西班牙边界巴荣纳建立了一个2万人和40门野炮的军团。

拿破仑又下令杜邦将军组建一个3万人的军团，越过法西边界比利牛斯山，穿过西班牙去夺取加的斯军港。紧跟着进入西班牙的是蒙塞元帅的军团，迪埃斯梅将军的另一个军团也取道地中海沿岸进入西班牙并占领了加泰罗尼亚。

◎比利牛斯山：位于西南欧，法国和西班牙两国的交界处，分隔欧洲大陆与伊比利亚半岛，山中有小国安道尔和比利牛斯山国家公园。它西起大西洋比斯开湾，绵延约435公里，止于地中海岸。

与此同时，梅里的一个师则夺取了重要的潘普罗纳要塞和交叉路口。1808年2月20日，缪拉元帅受命作为拿破仑皇帝的代理人进入西班牙，并在维多利亚设立司令部，统率在西班牙的全部法军部队。

拿破仑向西班牙境内连续派兵的行为引起西班牙人民的惊慌和不满，可西班牙政府却毫无抗拒之力。西班牙国王查理四世是个意志薄弱、没有主见的昏君，他完全受王后和首相戈多伊的控制。更令人可怕的是戈多伊是个小人，在得到拿破仑给他的阿尔加维小王国的许诺之后，便与法军十分合作。

3月9日，拿破仑令香巴尼通知西班牙政府，法军5万人将于24日进入西班牙首都马德里。3月18日，马德里以南25英里的阿兰胡埃斯爆发了民众暴动，戈多伊首相被当做卖国贼抓了起来，查理四世被迫将王位让给了他的长子——费迪南七世，即原来的阿斯图里亚亲王。这个变动当然不合拿破仑的意愿，于是，他下令法军镇压民众的起义。5月2日，缪拉在马德里用武力实行了镇压，杀死那里的2000多市民。6月16日，迪埃斯梅在向塔腊果纳前进时，又杀死了1500多名农民，并焚毁了6个村落。

4日，拿破仑来到波尔多，14日进驻巴约纳，并把西班牙新老国王及王室成员全召到巴约纳。在这里，他先是强迫费迪南七世把王位交还给他的父亲，接着便宣布新老国王一律作废，把西班牙王位交给他的长兄约瑟夫。

查理四世把国家拱手让给拿破仑，这更激发了西班牙人的民族爱国热情，而这也出乎拿破仑的意料。5月2日，马德里民众爆发了反抗缪拉元帅和马德里守军司令的大规模武装起义，他们不怕缪拉的大炮狂轰乱炸，不怕法军骑兵的刀刃，公然对抗了好一阵子，直到蒙塞的援军赶到才给缪拉解了围。但反法起义迅速在全国蔓延开来，到处燃起了民族战争的烽火。由于中央政府已经垮台，各省政务会成为起义的领导。

好几个省的政务会通过决议，请求英国援助。就这样，整个西班牙地区，到处都是对法军的游击战。拿破仑对西班牙战略判断的失误，终于点燃了伊比利亚半岛的战争烽火。这些烽火最终导致了拿破仑帝国的覆灭。

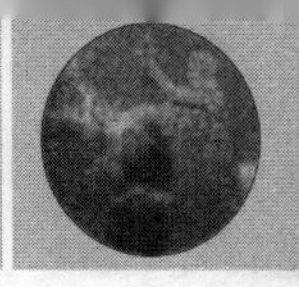

杜邦军的3万人马在南部地区进军加的斯的途中越过了希拉莫雷纳山，洗劫了科尔多瓦。这样，他即与首都马德里拉开了距离，补给线处于极易被切断并且孤悬穷困山区的不利地位。拿破仑判断此为次要方面，因而中途从杜邦军团中抽调了部分兵力去加强贝西埃尔军团。

结果，贝西埃尔并没有遇到什么大的抵抗，而杜邦军团却受到了严重的打击。西班牙军队在卡斯特罗将军的率领下，以2.5万人拿下了希拉莫雷纳山的隘口，并切断了杜邦军团与马德里的一切联系。由于当地人穷地贫，杜邦军无法就地补给，弹尽粮绝，饥渴难耐。最后杜邦率1.9万人马在马德里以南160英里的拜兰被迫投降。这是法军受到的一次严重挫折，也是拿破仑军事战略上的一个污点。把这个军团断送掉的是拿破仑的目空一切、愚蠢至极。居然把一个军团派到那么一个偏远贫困山区而不对交通线加以保护，这是违背战略战术常识的，是拿破仑的一个“低级错误”。这位倒霉的杜邦后来回到法国还被判了刑，实际是代拿破仑受过。

法军在西班牙的另一次受挫是在左翼上的萨拉戈萨。1.4万名法军遭到了西班牙巴拉弗克斯将军的顽强抵抗。更为严重的是，这是一场没有战场的战争。法军找不到真正的敌人，他们到处追击，碰到的都是愤怒的西班牙人。

当时西班牙的妇女甚至以自己和孩子的牺牲，来诱骗法军官兵食用他们下了毒的食物，使这些在东部战场战功卓著的军人无可奈何。

为了对付西班牙人民的反抗，拿破仑先后调集了30万大军去西班牙镇压。这些军队名义上的总统是西班牙国王约瑟

夫。但这位国王不愿离开那不勒斯的安乐窝，对于当西班牙国王一点儿也不感兴趣，因而连拿破仑的元帅都瞧不起他。对于他从马德里发出的命令，无论正确与否一贯我行我素，置若罔闻，因而各行其是。在一个群山的国度，拿破仑用传统的大兵团进剿对付西班牙的游击队，无长技可施，参谋长儒尔当元帅也无可奈何。英国此时乘虚而入，在里斯本登陆，把法军赶出了葡萄牙，使这里成为反对拿破仑的基地。英军与西班牙义勇军联合起来，使法军遭受沉重打击，军心涣散，士气低落，无所作为，面临一败涂地的危险。不久，马德里丢掉了。

在毫无办法的情况下，拿破仑与俄皇举行艾尔福特会晤，重申盟好，并任命达武指挥在德意志的莱茵军团，贝尔纳多特元帅镇守汉堡以守卫汉萨同盟诸镇。基本稳定东方战线之后，1808年10月8日，拿破仑从东方调出了莱尔特、拉纳两个军团前往西线。11月5日，拿破仑御驾亲征来到维多利亚，亲自指挥由9个军团组成的西班牙军团。

此时，缪拉元帅因病在比利牛斯山区的一处温泉里治疗。马塞纳元帅刚刚在枫丹白露举行的一次射击比赛会上被拿破仑误伤，导致一只眼睛失明，否则，也是这个庞大阵容的当然成员。

12月4日，在法军的大炮下拿破仑一举收复西班牙首都马德里，并取得了埃布罗河的胜利。但是，由中将穆尔爵士率领的英军在萨哈贡击败了苏尔特的第二军。对付狡猾的英国军队历来是很令人头疼的事情。拿破仑挥师增援苏尔特，但穆尔中将聪明地向科鲁尼亚撤退，逃出了拿破仑的巨掌。

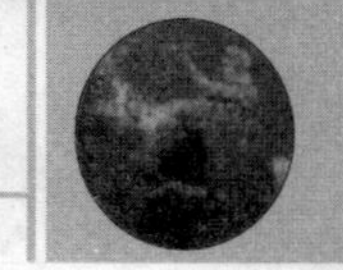

拿破仑没有把英军赶下大海，但却在马德里组织了政府，准备在西班牙长期统治下去。但天不遂人愿，此时中欧告急，奥地利准备起兵复仇，普鲁士蠢蠢欲动，俄罗斯口惠而实不至，实际准备隔岸观火。拿破仑只好留下贝尔蒂埃在西班牙继续指挥法军，自己则返回巴黎，安排中欧战事。但他采取了严格的保密措施。他写信给约瑟夫说：欧洲的局势迫使我返回巴黎3周。如无意外，我大约在2月底即可回来。由波尔图和加利亚同时攻入葡萄牙的计划，贝尔蒂埃将会告诉你。我预计元月21日可到达巴黎，大部分路程都要靠骑马。关于我离开这里的事务，保密14天，就说我去萨拉戈萨了。

拿破仑的如意算盘再一次落空了。他此后再也没有回到西班牙。他走后驻留的法军无所建树，英军虽然撤离，但始终没有放弃伊比利亚半岛的争夺。最后，法军惨败。

再次结婚

法兰西版图在拿破仑的利剑挥舞下日益扩大，此时已到了登峰造极的地步。北抵波罗的海，南达地中海，东至涅曼河，西迄比利牛斯半岛，这一大片广袤的领土，全都飘扬着法兰西帝国的鹰旗。现在的世界就像一副钢琴的键盘，拿破仑可以在上面随意地弹奏他的帝国幻想曲。

当拿破仑享受着权力带给他的随心所欲时，一个人独处的他，思绪常常会沉入到以前的记忆中。

在和约签订期间，拿破仑曾在肖恩布鲁恩住了3个月。

此间，几乎每天都有阅兵式或分队式。10月12日，拿破仑正从台阶往下走，一个衣冠楚楚的英俊青年以向皇帝呈送请愿书为名，想靠近他。卫兵把他拉到一边，从他的西装上衣里搜出了一把菜刀。他的名字叫施塔普斯，是埃尔富特一位牧师的儿子，意欲行刺拿破仑。他跟许许多多年轻的德国人一样，把拿破仑视为他们国家的独裁者。拿破仑亲自审问他，想饶恕这位青年。

“要是我放了你，你会回到父母身边去，彻底放弃你的行动吗？”

“如果我们获得和平，我会回去的。可要是战争继续下去，那我绝不罢休。”青年人答道。

拿破仑耸耸肩膀。

结果，在维也纳响起缔结和约的钟声的那一天，施塔普斯被军事法庭判处死刑。

这件行刺的事件发生后，拿破仑突然想到他还没有一个合法的继承人，他不希望他的政治遗产——法兰西帝国像亚历山大和查理大帝的帝国一样在其死后被分裂。约瑟芬皇后已无生育能力，致使他无后

嗣可继承王位，他的兄弟们也都不适宜做他的继承人。

拿破仑曾经考虑把约瑟芬与前夫所生之女奥坦丝的儿子，也就是拿破仑二弟路易之子立为皇储，称为“小拿破仑”。这种想法也是一种对约瑟芬妥协的产物。在相当长一段时间内，小拿破仑的存在成了缓和他与约瑟芬的矛盾并保持夫妇关系的一座桥梁。

但是，1807年5月，小拿破仑因患假膜性喉炎，医治无效而死去。噩耗传来，拿破仑无比震惊。虽然有人传说小拿破仑实际上是他与奥坦丝的儿子，但拿破仑确实是出于对约瑟芬的爱及对路易夫妇儿子的爱才维持自己的婚姻的。如今这唯一的寄托也消失了，谁来继承他亲手创建的波拿巴王朝呢?

尽管兄弟姐妹们纷纷把自己的子女推荐给他，但没有一个使拿破仑感到满意的。于是，他开始到处拈花惹草。他在波兰遇见了一个令他心动不已的姑娘，这位姑娘名叫玛丽·拉辛斯卡，出生于贫寒之家，16岁听从父命，嫁给了一个年逾花甲的城堡主，过着不快乐的生活。

玛丽有着波浪般的金发，顾盼生辉（gù pàn shēng huī，形容眉目传神，姿态动人。同“顾盼生姿”。）的湛蓝眼睛，吹弹可破的白皙皮肤。拿破仑用热情的攻势获得了这位贵妇的芳心，并生下了一个儿子。可惜的是这个儿子是情妇所生，名不正言不顺，无法继承法兰西的王位。

现在，他的唯一的选择即是休掉约瑟芬，再娶新妇。肖恩布鲁恩宫的行刺，瓦格拉姆战役中的流弹创伤更坚定了拿破仑的决心。

当拿破仑突然对约瑟芬说，他必须和她离婚而另娶一位妻子时，约瑟芬伤心得昏过去了。拿破仑在结婚后的前几年确实爱过她，1796年和1797年，他在远征意大利的时候曾给约瑟芬写了一些热烈的、充满激情的信。当拿破仑知道他自己不在的时候约瑟芬曾有过情人时，他也没有和她分开，因为他觉得自己仍然是爱着约瑟芬的。几年过去了，约瑟芬变得十分害怕自己的丈夫，他甚至坚决禁止她在他面前为任何人说情。拿破仑憎恨这种由妇女干预国家事务以及一般事务的形式。约瑟芬是十分平凡的，除了衣饰、钻石、舞会和拿破仑所不反对的其他娱乐外，她什么也不想。拿破仑千方百计地迫害斯塔埃尔夫人，不仅是因为她具有自由的思想方式和反抗的精神，而且还因为她是聪明而博学的，他认为这种品性对妇女来说是不合体统的，他无论如何不能原谅这种品性。

1809年11月，当拿破仑与约瑟芬准备正式离婚的时候，他对约瑟芬说："在政治上是没有良心而只有头脑的。"他仍然爱她，他们整天在一起。

离婚后，拿破仑尽可能保障了约瑟芬奢侈的生活。爱丽舍宫、马尔梅松宫或另一座城堡由她自己挑选；她的一切债务一次替她还清，另加300万年金；约瑟芬的儿子欧仁仍然当意大利总督；女儿奥坦丝则可随意带着孩子在巴黎久住，有荣誉和自由保障。

拿破仑离婚之后，遴（lín）选新后逐渐被提到日程上来。路易认为萨克森公主是适合的人选，忠于大革命传统的缪拉对与奥地利联姻表示不满，还说道："这个国家总是让人讨厌。"拿破仑也认为萨克森这个国家太小，不适合与自己的帝

国联姻；奥地利刚刚被法军打得落花流水，暂时也不做考虑。他首先向俄国皇帝的妹妹求婚，沙皇亚历山大却推辞说她太小。拿破仑甚感不安，心里又想起奥地利皇帝的千金玛丽·路易丝。约瑟芬急于起点儿作用，很支持这件婚事。她首先让德·梅特涅夫人来到巴黎，由她给维也纳写信。梅特涅收信后高兴得几乎跳起来。与拿破仑联姻可使弗朗西斯皇帝得以减少最后条约上的极其苛刻的条件，所以他不等皇帝女儿作出回答，便让夫人转告约瑟芬，奥地利很乐意把公主许配给法国皇帝，并说奥地利皇室将永远感激皇后宽大的胸怀。拿破仑征求了家族和朝臣的意见后，决定娶玛丽·路易丝。他委派欧仁去施瓦岑贝格大使处要求尽快订好婚约。

玛丽·路易丝是1893年被法国大革命绞死的路易十六王后玛丽·安东尼特的侄女，奥皇弗朗西斯的亲生女儿，当时年方18岁。她有多种理由痛恨拿破仑、痛恨法国。是法国人杀死了她的姑母，是拿破仑四次击败了她的国家，取消了她父亲神圣罗马帝国皇帝的封号，割让了大片国土，并且赔了大量款项；是拿破仑两次占领了她的国家的首都及其王宫肖恩布鲁恩，几乎使奥国颜面尽失。而且拿破仑与她并不认识，更无感情。拿破仑已41岁，人在中年，比她大得多。但是，瓦格拉姆的战败使奥国上下都感到绝望，与拿破仑联姻，可以给国家带来喘息机会。

因此，把玛丽公主嫁给拿破仑，对奥国来说是一种挽救。在国家利益这个天平上，公主的命运只不过是一个可以牺牲的筹码而已。为了国家的利益，遵从父王及大臣们的心愿，玛丽·路易丝平静地接受了这场政治婚姻。

在老奸巨猾的奥国政治家梅特涅的安排下，1800年2月7日准备婚约。其内容与当年路易十六与玛丽·安东尼特的婚约相同，当时就给人以一种不祥之感。

但在1810年的法国，拿破仑决定做什么，没有人能够阻拦，绝大部分人还是把拿破仑奉为神明。3月11日，法军总参谋长贝尔蒂埃元帅兼纳夏泰尔和瓦格拉姆亲王代表拿破仑在维也纳与玛丽·路易丝举行了盛大的婚礼，全欧洲的教堂都响起了钟声。

婚礼过后，新娘启程赴法，成为拿破仑帝国的盛大节日。沿途迎送的人们人山人海，热闹非凡。在期待中的拿破仑又恢复了毛头小伙子谈恋爱的本色。他日理万机，每天还写情书给玛丽公主，言词热情如火，简直热得烫手。玛丽的长相成为这位新郎官最为关切的大事。他为此访问了见过、听说过玛丽的不少人，并且常常疑神疑鬼、忐忑不安。他的信和他送的花、草、鸟儿等，都以特快加急送到新娘手中，终于使这位从小长于深宫之中、涉世未深的公主忘记了国恨家仇，同时也萌生了感情。

3月22日，玛丽·路易丝抵达法国斯特拉斯堡，拿破仑从巴黎前往迎接。为了赶在计划前与新娘突然见面，制造一个惊喜，拿破仑身穿特制的普通军官制服，飞车前往。途中一再督促快马加鞭，换了好几次马，方才达到预期效果。

拿破仑大汗淋漓地钻进新娘的香车，一下子搂住玛丽的脖子，把新娘惊得目瞪口呆，说不出话来。拿破仑下令马车中途不要停车，直奔贡比涅森林。

本来担心自己就要落入魔爪的玛丽·路易丝头一次看见

拿破仑。她没有想到这不是一个妖怪，而是一个还相当英俊的小伙子，并且十分富于人情味，颇懂女人心理。因此，没过多久，新娘就被新郎俘虏了，并且感到幸福和幸运。

婚后，拿破仑对年轻的皇后关怀备至，体贴入微。一年之后，即1811年3月19日，玛丽·路易丝为拿破仑生下了一个儿子。拿破仑为此高兴万分，他的帝国终于有继承人了，一项元老院的法令，使他这位刚出生的儿子就获得了罗马王的称号。拿破仑还亲自选定了宫廷最受人尊敬的孟德斯鸠夫人作为儿子的女教师。

1811年6月9日，拿破仑在巴黎圣母院为孩子举行了洗礼，这是帝国最豪华的一次仪式，花费了200万法郎。奥地利皇帝和约瑟夫国王为孩子的教父，皇太后和奥坦丝王后为教母，费什大主教为洗礼的主祭。

如果说约瑟芬是一朵妖娆的玫瑰花的话，年轻的玛丽皇后应该算一朵百合，她的羞怯和天真，纯洁清新，惹人怜爱，仿佛不知世上还有掩饰隐讳之技巧。

很快，娶妻生子的幸福使拿破仑度过了几年较为平静的天伦之乐的生活。但是，这种平静的生活没过多久，一场与俄国的大规模的战争又即将爆发了。

艰难征俄

这次，拿破仑决斗的对象是法国的盟友——沙皇亚历山大一世。

自法国与俄国缔结提尔西特和约以来，拿破仑和沙皇的关系就一直表现得很亲密和友好，但这种亲密只是一种作秀，他们的目的是为了让各自的敌人害怕。

法俄矛盾长久以来就没有彻底消除，这些矛盾一个个积累下来，最后变成了一个一触即发的地雷。双方矛盾最先起源于如何对待土耳其的问题上。在提尔西特和艾尔福特条约，拿破仑答应将摩尔达和瓦拉几亚给沙皇。但过不了多久，他又反悔了。

从1810年起，拿破仑就曾阅读了大量的俄国历史文献和军事资料，他要先熟悉这个国家，有备而战，战而胜之。

拿破仑也不是没有估计到攻打俄国的严重后果，也不是没有人劝导他放弃侵俄战争。但此时拿破仑的洞察力因狂妄而衰退。他多次打败过俄国军队，认为自己此次一定能取胜。他认为当时正好是做整个欧洲全权主人的大好时机，这样有把握的胜利当然不能放过。

在战争爆发前，拿破仑决定先着手处理与欧洲各国的外交事务，务必拉拢他们站在与法国的同一阵线上。1812年2月和3月分别与普鲁士和奥地利签订了同盟条约。4月27日，俄国要求拿破仑撤退在普鲁士西里西亚的驻军，给了拿破仑一个开战的借口。他断然拒绝了俄国的要求，并下令军队集中，5月9日，拿破仑与皇后一同离开巴黎，而把政府交给了大宰相康巴塞雷斯。5月16日，拿破仑在德累斯顿设置大本营。他的大军团已经在前进并在维斯杜拉河一线展开。

拿破仑此次集中的号称“大军”的军队总计51万人，其中有20万法军，17万德意志军队，8万意大利军，6万波兰

军等，是欧洲有史以来最强大的军队。整个大军团包括40个步兵师和25个骑兵师，多数外籍军队都配有一个法国师做骨干。另有欧仁亲王和热罗姆国王指挥的部队保卫交通线。

俄国军队有20余万人，组成两个军团：主力军团，15万人，由巴克莱·德·托利将军指挥；辅助军团，5万人，由巴格拉吉昂亲王指挥。哥萨克骑兵，8000人，由普拉托夫指挥。后来由于巴克莱与巴格拉吉昂互相不服，亚历山大任命老将库图佐夫出任总司令。

拿破仑在战前动员时对士兵说：

> 亚历山大在提尔西特和约中发誓与法国同盟，但他背信弃义，无视诸将士的英勇果敢，我们不能容忍俄国的行径，他们会完蛋的，他们在你们的刀枪下会发抖的！前进吧，士兵们，打到俄国去，扑灭他们的嚣张气焰！

5月29日，拿破仑在德累斯顿起程，行前，他写信给达武说：

> 由于我的40万大军的活动往往集中于一个地方，所以我们不能指望在该国找到任何给养，因此我们不得不把所有的东西都带上。

1812年6月22日，法国大军到达涅曼河边。此时俄国已有三支部队在涅曼河前线，第一支是约15万人的第一方面军，由巴克莱统帅，是对法作战的主力部队，其右翼由维特根斯泰因将军指挥，左翼由多赫土洛夫指挥，部署在格洛德诺市郊；第二支是由巴格拉吉昂统帅5万人的第二方面军，部署在格洛德诺—穆查维克河一线；第三支是由普拉托夫率领的8000哥萨克骑兵，也部署在格洛德诺地区。不过，集结

在维尔纳的俄军早在3天前就撤往德里萨大营了，但拿破仑却并不知情。

但是，拿破仑没有料到会在俄国打一场冬季战役。他计划在夏季就要将俄军主力在维尔纳附近击败，结果军队到达俄国却陷入了一场灾难。

半个多月后，拿破仑从普鲁士边境进入俄国国境。一路上，法军未遇抵抗就渡过了涅曼河。6月28日，拿破仑来到维尔纳，前几天沙皇从这里刚刚撤走。拿破仑原打算包围巴格拉吉昂的军队，而用主力与其决战，将巴克莱击败。但此计划却由于拿破仑的弟弟热罗姆指挥的部队行动迟缓而未能实现。

一日，拿破仑沿着涅曼河河岸策马奔驰，并不停地测量着河流的水位时，他举起望远镜观察对岸俄国的阵地，可什么也没看到，一个敌军的身影都没有。

次日，法军在涅曼河上架设了浮桥，拿破仑同先锋部队率先渡过河去。同时他下令全军加速前进，这一命令使得主力部队大大脱离了军需供应部队。

此时，俄军继续东撤，避而不战。拿破仑却在维尔纳滞留了18天。由于受热浪和大雨袭击，部队苦不堪言，痢疾也开始流行。由于燕麦不足，只好给骡子喂黑麦，结果使大批军马患病倒毙。法军的100门大炮和500辆弹药车被迫抛弃。

7月8日，达武的第一军到达明斯克，但巴格拉吉昂又逃脱了。而巴克莱此时已北撤到德里萨设防营地。俄军两个军团之间留下了一个缺口，拿破仑利用缺口继续向前推进。7月28日，拿破仑抵达维捷布斯克，此时他的实力已减至23

万人。

俄军此时已退至斯摩棱斯克。法军赶到这里，与俄军终于接火。8月16日，法军发起猛烈攻击，但遭到城内俄军的顽强抵抗，双方的损失都很惨重。17日，俄军撤离该城，法军继续进逼。

拿破仑在接近谢瓦金诺多面堡的时候有13.5万士兵和587门大炮。俄军有10.3万正规部队和640门大炮，7000名哥萨克兵，将近1万名民兵。俄军的炮兵素质并不低于法军炮兵，而在数量上则超过法军炮兵。拿破仑军中的马匹死伤过多，以致不能把全部大炮都从摩基略夫、威特斯克和斯摩棱斯克调往通向莫斯科的大道上来。

拿破仑相信这次战斗一定会获得胜利，9月5日，他下令进攻谢瓦金诺多面堡。缪拉率骑兵追击一部分俄军骑兵，孔潘将军率5个步兵团在炮兵的掩护下冲入谢瓦金诺，进行了一场白刃战，占领了多面堡。当法军进入多面堡时，俄士兵本来可以逃跑，但他们顽强地进行搏斗，最后都被刺死。9月5日，拿破仑几乎整天都没有下马，一边指挥战斗，一边观察俄军的动静。他害怕俄军在多面堡失守后会撤走，他甚至拒绝达武提议的以重兵包抄俄军左翼的可行性办法，因为他怕惊动库图佐夫，使其再度撤退。

9月6日没有发生战斗。拿破仑让士兵休息，为下一次激战做准备。他患了重感冒，但是他全然不顾，他甚至掩饰不住紧张的情绪，不时地瞭望俄军的营地，当天夜里他几乎没有睡觉。俄军也原地未动。第二天天一亮，拿破仑就下令进攻，他的养子、意大利亲王欧仁·博阿尔内从左翼进攻博罗

迪诺村，达武、内伊、缪拉从中间进攻谢瓦金诺村附近的巴格拉吉昂的钝角堡。战斗异常激烈，双方的大炮轰鸣不断，其激烈程度超过艾劳战役和瓦格拉姆战役。

随后，拿破仑愉快的心情被一种不安所取代，坏消息接连传来：战斗非常残酷，法军几乎一个团队接一个团队地被消灭，他的好多军官死在战场上，尽管最终占领了博罗迪诺，但兵力损失极大。普洛松将军战死，孔潘将军受伤，达武元帅被震得失去了知觉，内伊元帅两度占领巴格拉吉昂的那些钝角堡，又两度失去它们，最后，缪拉夺回了钝角堡，但损失惨重。

法军需要有一个横贯战场的开阔地带展开骑兵运动，但是内伊和缪拉把他们的全部兵力都调来，还是不能打开局面。他们向拿破仑请求增援，并保证说，只要夺过巴格拉吉昂手中的一块阵地，就能赢得这次战役的胜利。拿破仑派了一个师去增援，他拒绝派更多的部队，他认为他们判断失误，俄军看上去要退出战场，而实际上并没有退出战场，如果把主要的后备力量投入进去，就会在关键时刻到来之前把兵力消耗掉。

白天的时候，法军莫南将军以猛烈的炮火攻下了位于博罗迪诺和谢洪诺夫之间的拉耶夫斯基的俄炮兵阵地，但是俄军又以白刃战夺回了阵地。与此同时，巴格拉吉昂也以惨重的代价从内伊和缪拉手中夺回了3个钝角堡。

在接下来的几小时之内，钝角堡又几度易手。士兵们不只一次地进行肉搏，700门大炮一起轰炸，其中，法军有400门，俄军有300门。抱成一团的士兵们往往一起被不知来自

何方的炸弹炸死。

这一天，俄军和法军战士都特别英勇，壮烈的场面使巴格拉吉昂感到快意，但是他中了一颗流弹，受了致命伤，俄军花了好大的劲才把他抬出博罗迪诺战场。拿破仑这时不得不承认巴格拉吉昂是俄军中最优秀的将军。

中午，拿破仑的情绪彻底地变了。内伊和缪拉还在坚决地、不断地向他请求增援，但是他不能派出仅剩下的近卫部队，他不能让近卫部队在离法国几千公里的地方冒险，另外还有一个原因使他不能这样做：俄国骑兵和哥萨克突然袭击法军的侧翼，近卫部队正忙于应付，无法脱身，后来总算把他们击溃了，如果把近卫部队调走，法军的纵深地带就无法保障了。下午3点钟，拿破仑命令重新进攻拉耶夫斯基的俄炮兵阵地，到晚上，拉耶夫斯基的军团几乎全被消灭。多面堡被法军在反复猛攻下占领了。俄军在晚上撤出了谢洪诺夫村，这时，拿破仑的心情更加抑郁，一句话也不说。

天黑下来了，将近300门法军大炮开始向缓慢撤退的俄军射击。但是这并未产生预期的效果，士兵们倒下去了，却没有逃散。俄军的一半在9月7日这一天被消灭了，但在博罗迪诺胜利了的却是俄军。

晚上，在战斗以后，拿破仑得到报告说，他的47位将军和几万名士兵，有的被打死，有的受了伤。他以为库图佐夫在莫斯科的城堡底下会进行新的战斗，但是这一次库图佐夫坚持了自己的意见，他要拯救另一半俄军，在博罗迪诺战役结束两天之后，俄军在费尼亚举行了军事会议，决定不战而放弃莫斯科。

1812年9月初，法国大军到达格日阿次克。在法军刚进入这座城市时，城市正燃着熊熊大火，拿破仑立即指挥军队扑灭大火。从9月16日清晨起，火势越来越大，这时从北方吹来一股强风，风助火势，浓烟弥漫了整个城市，城市已像个巨大的熔炉。从16日夜晚到17日，刮了一昼夜大风，克里姆林宫附近的中心地带、莫斯科河南岸一带成了火海。克里姆林宫的一部分已经烧起来了，有些大门已经不能通过。元帅们开始坚决请求他们的皇帝立即迁往城外的彼得罗夫宫。拿破仑没有马上同意，而这几乎要了他的命。最后，当他和随从人员离开克里姆林宫的时候，火星直往他和随从人员的身上落，使他感到呼吸困难：

多可怕的大火啊，多可怕的俄国人！他们竟然有如此大的决心，这是什么人？一群野蛮人！

兵败莫斯科

克里姆林宫的大火已经无法征服，拿破仑不得不撤离莫斯科。他穿过烧焦的门，狼狈不堪。除此外，法军中不少高级将领对日渐迫近的冬日都颇为恐惧，于是纷纷建议撤出莫斯科。

18日，老天爷帮了拿破仑一把，降了一场雨，火势被雨扑灭了，拿破仑又回到了克里姆林宫。在这场大火后，拿破仑了解到俄国人的斗争之心是多么坚决，他决定诱使俄国提议停战讲和，尽快结束这场遥遥无期的可怕战争。他派特使

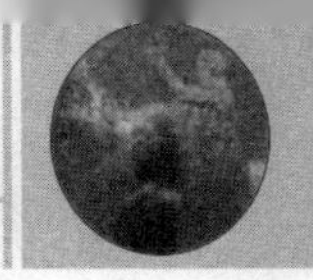

几经周折找到库图佐夫，谁知这位总指挥却不加理睬。拿破仑处于进退两难之地，不得不宣布一个决定：法军在莫斯科过冬。他下令军队向城里运送过冬需要的物资，加强防御的工事，并下达了从法国和波兰招募新兵的命令。尽管很多人都警告过他，用尽各种词语来形容莫斯科的恐怖严冬。

直到10月8日，缪拉的骑兵在离莫斯科50英里的地方又受到俄军突袭，伤亡了不少士兵。拿破仑才终于意识到莫斯科是不可久留之地，便下令大军团开始撤出此地。

由于冬季的到来，拿破仑大军团的撤退，变成了一个做不完的噩梦。大军团的兵力已锐减至6.5万人，其中包括1.5万骑兵。由于库图佐夫突然改变战略，反而对法军穷追不舍，结果11月3日，两军在维亚泽玛恶战一场，法军伤亡5000人。11月5日，天降大雪，这更加剧了撤退的困难。由于法军未像俄军那样在马蹄上钉防滑钉，以致法军战马越过冰冻的江河湖沼时，常常摔断马腿。

11月6日，法国军队撤到了多洛哥布什，能够作战的人数只剩下将近5万人。就在这时，巴黎传来了马莱将军发动骚乱的消息。这件事情对拿破仑产生了强烈的影响，他意识到自己必须回巴黎去。11月9日，拿破仑到达斯摩棱斯克。他认为停留在斯摩棱斯克是不可思议的，必须在俄军截断渡口之前通过别列金纳，不然的话，他和其余部队都有被俘的危险。

天气更加寒冷了。离开莫斯科的时候没有携带保暖的过冬物品，这是进军开始时就存在的一个致命的疏忽。法军不得不丢掉大部分辎重车和一部分大炮，整队的骑兵连都必须

下马步行，因为马匹的死亡日益增多了。而此时俄国游击队和哥萨克却越来越勇敢地对法军先头部队和掉队的敌人展开攻击。

在离开莫斯科的时候，拿破仑有将近10万人，11月14日离开斯摩棱斯克的时候，他的军队仅剩下3.6万人，还有几千名掉队的和逐渐赶上的人。现在拿破仑下令烧掉一切车辆，以便能够拖带大炮。11月16日，俄军在克拉斯诺耶攻击欧仁·博阿尔内的军团，法军遭到了很大的损失。第二天战斗重新展开。法军被击退，两天之内损失了将近1.4万人，其中将近5000人被打死和打伤。与军队失去联系的内伊在遭受惨重损失之后，和剩下的3000人被库图佐夫的大部队逼到了河边。晚上，他想步行穿过克拉斯诺耶北边的德涅泊河，但是因为冰层还不厚，很多人掉到水里淹死了。内伊和几百名士兵得了救，他们迅速逃往沃尔夏。

这时，拿破仑又犯了一个错误：他费了很大的气力来整顿军队的纪律和组织供应，但忽视了加强明斯克方面的交通线。承担保护明斯克任务的波兰部队没有很好地执行他的命令。11月16日，俄军奇恰果夫占领了明斯克，拿破仑储藏在这里的大量粮食落入敌人手中。

法军所面临的局面足以令人绝望。俄方维特根斯泰因从北面向拿破仑逼近，法军乌迪诺元帅和维克托元帅没有阻挡得住。齐恰果夫占领了明斯克后，又向波里索夫袭来，把退守这里的波兰部队赶走了。俄国普拉托夫和叶尔莫洛夫的部队离法军只有一到两昼夜的路程了，他们是库图佐夫的先头部队，法军马上就有被包围和被逼投降的危险。波里索夫有一座永久性的大桥，但它失守了。

拿破仑听到这个消息后，脸都吓白了，但他马上克制住自己，命令立即寻找别的可以架桥的地方。波兰的枪骑兵在波里索夫北面的一个叫斯土江喀的地方找到了一片浅滩，拿破仑决定在这里渡河。但他们故意装出仍想在波里索夫渡河的样子，11月23日，法军袭击了奇恰果夫，逼他退出了刚刚占领的波里索夫，但仍停留在附近。维特根斯泰因从北方匆忙赶来帮忙，俄军以为拿破仑肯定要在这里渡河。

11月24日，拿破仑听闻了一个让他大为震惊的消息：南方俄军抢占了别列金纳河上的桥梁，这座桥是法军的安全所系，大军要从俄国撤退，必定要渡过此桥，乌迪诺竭力奋战，也未能夺回，只能眼睁睁看着俄军将桥烧毁。

然而，拿破仑于11月26日拂晓到了斯土江喀，士兵立即站在浮冰飘流的、齐腰深的河里架设了两座浮桥，法军整个26日和27日都在渡河。右岸的俄军试图攻击已经渡过河的法军，但被法军击退了，等维特根斯泰因赶到那里时已经晚了，法军逃过了全军被俘的厄运。

拿破仑命令，渡河以后立即烧毁浮桥。由于正规部队的阻挡，大部分掉队的士兵仍留在左岸，被拿破仑抛弃的掉队士兵有1万人之多。

渡河的时候，天气已经转暖，河都解冻了。而接下来的日子，天气又转为寒冷。突然袭来的寒流使气温骤降，疲于奔命的法国士兵又受到饥寒交迫之苦，但是，法军队伍没有因此而停止行进，士兵们越过死去的、半死的和虚弱得无力行走的人，又聚拢在一起继续前进。库图佐夫的部队也在行

进着，他们艰难地紧紧跟在法军的后面。在这种情况下，拿破仑特别害怕库图佐夫的进攻，哥萨克和俄国游击队的攻击也是拿破仑所不堪忍受的。

渡过别列金纳河之后，法国军队的人数就更少了，这不仅是因为寒冷，还因为沿途不断进行的小规模的战斗使法军士兵大量伤亡。拿破仑为了转移奇恰果夫的注意力而命令巴尔士诺师团留在波里索夫，但他们遭到了库图佐夫的攻击，经过两天的战斗之后，巴尔士诺的4000名士兵只剩下一半多一点。他们四面被困，结果投降了。

在维尔纳附近，法军残部经过战斗，总算逃脱了覆灭的命运，他们到达该城时已经狼狈不堪了，同时还受尽寒冷和疲惫的折磨。法国士兵一进入该城就疯狂地抢劫一切可以抢劫的地方，商店、仓库、居民家，这种骚乱持续了好长一段时间，前面的队伍抢完了，后面的队伍又接着抢。

但是有的法军部队还保持着一定的战斗力，在离维尔纳不远的地方，内伊和梅松向正在迫近的俄军发动了猛烈的炮攻，使俄军追击部队的主力在几天之内削弱了不少。

部队仍然在前进，法军几乎没有做任何停留就抢渡了涅曼河。可怕的莫斯科之旅总算结束了。

12月18日，拿破仑一行到达了杜伊勒里宫，他没有受到人们的夹道欢迎，因为巴黎正笼罩在悲痛中，成千上万个家庭在为葬身疆场的儿子而哭泣。

此次战役，法军有51万人参加对俄战争，后来又增援了15万人。到年底，部队剩余总人数不超过3万人。他们多数是留在路上没有到莫斯科的那部分士兵。其余有10万人被

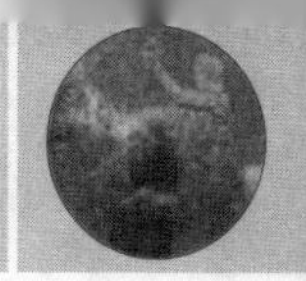

捕，剩下的人则死于战斗、饥饿、寒冷和疾病。但拿破仑并未为铩羽而归而气馁，对于东山再起他充满信心，并说道：“人生的光荣，不在于永不失败，而在于屡败屡起！”

兵败莫斯科，虽然拿破仑一再地将原因归为寒冷，但实际上，那年的莫斯科却较往年暖和。这无疑表明了拿破仑的军事才能开始衰退，但并未衰竭。总之，其不可战胜的神话彻底破灭了。

形势突变

12月5日，把军队交给缪拉指挥、自己则由科兰古陪同返回巴黎的拿破仑，还没见皇后路易丝，便首先来到了黛丝蕾的家中。

此时的黛丝蕾已是瑞典王妃。她的丈夫贝尔纳多特在1810年9月已被瑞典国王查尔斯十三世收为养子，立为瑞典王储，贝尔纳多特脱离了法国籍，不再是拿破仑的元帅了。黛丝蕾本是王妃，随丈夫在瑞典住了一段时间，由于和瑞典皇后性情不合，不习惯宫廷的繁文缛节，她请求丈夫同意，回到了法国巴黎生活。当侍从通报拿破仑和科兰古到来时，黛丝蕾也大吃一惊。她下楼来到客厅，看到拿破仑站在壁炉边取暖，他的脸消瘦不堪，满脸憔悴，闭着眼睛像是睡着了。黛丝蕾几乎都认不出他来了，她赶紧向拿破仑打了招呼，同时问道：“殿下，您为什么在深夜里造访呢？”

“什么也不要问，贝尔纳多特太太，不，瑞典王妃

殿下。”拿破仑突然大声吼道，他的暴躁引起了在场人的不安。

黛丝蕾吩咐玛丽拿来白兰地酒，分别给皇帝和科兰古斟上。科兰古接过杯子一饮而尽，然后说：“我们风雨兼程已13天了，没有很好的休息。巴黎还没人知道我们回来。陛下想与殿下谈谈，然后再回宫。”

“喝点白兰地吧，陛下，它会使你暖和一些。”

拿破仑把酒喝了，然后说道：“你与我是多年的旧交了，是吗？”

“是的，陛下，”黛丝蕾同意道，“但这时更深夜静，我不知你是不是有什么急事？”

“当然，为了法兰西，我将要粉碎我们所有的敌人。但现在，我特别需要贝尔纳多特的帮助，需要他一起征战。”

黛丝蕾这才明白，拿破仑深夜来访，是想要她说服丈夫，让瑞典成为法国的盟国。

“我可以使瑞典再成为一个伟大的国家，但我需要立即回答。”他平静地说着。突然，他大吼起来：“贝尔纳多特意欲进攻我——他，还有他的盟邦俄国和英国！我忠告他改弦更张！”

“如果他不呢？”黛丝蕾斗胆问他。

“我将使瑞典灰飞烟灭！”他叫道。然后，拿破仑站起身，大踏步走向门口，说：“你要亲自把贝尔纳多特的复信呈给我，太太。如果他拒绝，你必须离开法国，我再不想看到你。”

拿破仑回到巴黎后，没有在路易丝的怀抱里多逗留一会，而是第二天的一大早，就开始了工作。现在，他感到自己建立的大厦很不稳固。为了使皇朝根深蒂固，他想效法罗马的恺撒大帝，让儿子登基，请教皇为皇后加冕……他和软禁在枫丹白露的年迈的教皇见了面，安慰了他。教皇终于被说服，但因主教们反对，不久又改变了主意。

拿破仑立玛丽·路易丝为摄政皇后，他想以此钳制奥地利。

为了防止俄国的突然反攻，他一方面集结力量，重组军队；一方面大搞典礼，招待会接连不断。圣日尔曼镇郊的人耻笑他举行“木头腿舞会”。皇帝想以此来欺骗法国和欧洲，但未能如愿以偿。甚至在巴黎城，他每到一处都会引起人们的私下议论。英国拼命鼓动怯懦的普鲁士，并在春季时与之结成了同盟，拿破仑深感烦恼。

在这些暗淡的日子里，他唯一的欢乐就是儿子。儿子活泼、可爱，虽然脾气暴躁，但心地温和。现在，他穿戴得像个小伙子，并已经表现出对军人的喜爱。他常玩弄一匹灰色的玩具大马，玩坏了，修补好再玩。他还玩旗帜、军号和军鼓。

拿破仑非常喜欢他，常带他到办公室里，一待就是一个

下午。在地毯上和他玩耍，让他自己搭房子和小楼，积木经过专门雕刻，上面写着军呀、师呀，任孩子想象，启发他组织以后的战斗。有时，孩子就在他膝上睡着了。

黛丝蕾自然很快就给丈夫去了信，贝尔纳多特也回信了。他在信中首先写了如何思念远在巴黎的妻子，然后对拿破仑谈的瑞法联盟之事写道：

现在，全欧洲的人都在看着我，我要仔细思考一下，不能随便就给你答复。

又过数日，贝尔纳多特的正式复信终于来了。可黛丝蕾无权打开，但布腊黑伯爵送给黛丝蕾一个副本。“我们还要把这些副本发往瑞典各家报纸。”他说。

这封信措词强硬：

欧洲人民翘首企盼和平。但如果不打败你，这愿望便属泡影。瑞典将尽力参与这种努力，那么法国也就有望与欧洲共享和平了。你的战争夺去了法国最优秀儿女的生命，法国以此代价换来的究竟是什么？

下面的信文，也大抵如此。黛丝蕾必须把它亲自交给拿破仑！接到信的当天下午，黛丝蕾来到杜伊勒里宫，将信交给了拿破仑。

拿破仑已在他的大书房里等候。科兰古和塔列朗也在那里。他匆匆打开信，越往下看，脸色就越发阴沉得可怕。过了一会，他突然抬起头，看着黛丝蕾，凶狠地说：“今天，你打扮得十分漂亮，是不是为你的丈夫决意与他的祖国为敌而高兴？你送来这样的信还竟敢胸佩鲜花？”

“不，陛下，您误会了。是你让我给我丈夫写信并让我把他的回信面呈给你，我就遵旨而行了。我读了副本，知道

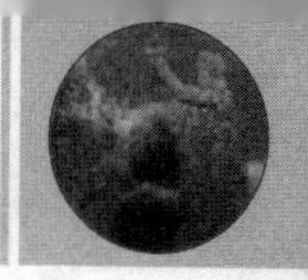

以后再也见不到你了，便戴上了鲜花，因为我想让你把最后这一愉快的时刻存于记忆之中。现在，我可以向你做最后告别了吗？陛下。”这次黛丝蕾没有被拿破仑的凶狠吓到，她平静而不卑不亢地回答他。

科兰古和塔列朗吃惊地瞪着眼睛，他们预料皇帝会疯狂地叫嚷。然而，拿破仑却平静地说：“先生们，请在这里稍候，我要与殿下单独谈谈。”

拿破仑带着黛丝蕾走进他的小书房，又随手关上了门。地板上有一些玩具士兵。

“是罗马王的吗？”黛丝蕾问。

“是的……不，不是，是我布置战斗用的。我儿子来时也玩一玩。”拿破仑停了停，眼睛直盯着黛丝蕾说，“他本应该是我们的儿子，黛丝蕾，我们情同日月，永远不会真正分别的，对吗？”

“为什么不会？陛下。”

“为什么？你忘记了在马赛的日子了吗？你忘记了你家花园里苹果树下的那个凳子了吗？我们又回到了青春的岁月，黛丝蕾。那些日子永远属于美好的回忆。从那时起，我从来没有真正愉快过。”

他看了一会儿窗外，又转过脸直直盯住她说：“我从莫斯科回来的那个晚上为什么先见你？因为我需要你。”

“这不是实话，陛下。”黛丝蕾说，“你不是来找黛丝蕾，是来找瑞典王妃的。因为，你想让她的丈夫帮你打仗。”

拿破仑摇摇头。天黑下来了，黛丝蕾只能看见他的

脸。“我是想见你，唯有你。但我当时太累，以至于说话文不对题。我本想同你一起谈谈在马赛的时光，却说起了贝尔纳多特。”说起贝尔纳多特，拿破仑仍然妒心如火。“现在，我不知道你丈夫在斯德哥尔摩交上了什么样的女朋友。”他又说。

“可以告诉你其中一位的名字，”黛丝蕾说，“你的朋友——乔治娜小姐。当你还在莫斯科时，她就跟他接触了。”

“天！小乔治娜，就是那个剧院舞女？她爱上他了吗？”他沉默了一会，又说，“你是否知道沙皇主动提出要你丈夫娶一位俄国公主，你是否知道他还向你丈夫许以法国王位吗？”

“法国王位？他绝不会接受的！”这个主意使黛丝蕾恼火起来，“我可以走了吗？陛下。”

拿破仑走到黛丝蕾跟前，托起黛丝蕾的手送到自己的唇边：“我应该把你送出法国，黛丝蕾，但我仍一如既往地爱着你。我忌妒贝尔纳多特，甚至忌妒不离你左右的那个金发瑞典小伙子。”

“今天，你刮了脸，我很高兴，陛下。”黛丝蕾说着把手从他嘴唇上抽回来，很快向门口走去。

“黛丝蕾，”他柔情地唤着黛丝蕾，“女人不应该卷入男人的战争。请你明白，你永远都是我心目中的小欧仁妮，我对你所说的那些无礼的话都不是出自本心的。”

黛丝蕾停住脚步，回头深深地看了一眼拿破仑，淡蓝色的明眸中流出了两行热泪，她抬手向拿破仑摆一摆，轻道一

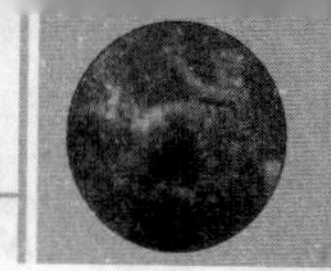

声："再见了陛下……不，再见了，波拿巴，保重！"

现在，拿破仑一度想寻求的帮助也彻底破灭了。其实，他应该好好反思自己所犯下的那些错误了，那些由于他的狂妄和野心所必然引起的错误——他不顾东西两线作战的危险，犯了战略上首尾难于相顾的错误；他对于俄罗斯国情一知半解，犯了经验主义的错误；他在关键时刻迟疑不决，错过了两次歼灭俄军主力的机会，犯了战略判断的错误；他对俄国人的决心和顽强估计不足，自认有把握战胜俄军，迫使俄国投降，犯了狂妄的错误；他始终找不到和谈签字者……

不过，拿破仑又从另一方面看到了希望。还在俄国的时候，他就下令提前征召1813年的士兵入伍，而现在，新兵的训练工作快要结束了。费了很大力气才征兵14万人。早在1812年，拿破仑就命令组成"国民兵卫队"，现在则把这些人全部编入军队，这使军队又增加了10万人。1812年6月，拿破仑留下了23.5万人在法国和各德意志附属国，现在也可以把他们算进去。最后，从俄国还回来了将近3万人。那么，在1813年春天，军队人数不是30万人，而是40万-45万人，不久他又将拥有一支庞大的军队。作战物资、大炮、士兵所需要的物资，都必须加紧制造、准备、补充。拿破仑从早到晚都在研究装备和训练军队的问题。现在，拿破仑觉得他将在维斯杜拉河与俄军会战，并且彻底击溃俄军。他知道，库图佐夫在从塔鲁金诺到涅曼河的两个月的追逐中，使自己的10万军队损失了三分之二，炮队也损失三分之二以上。拿破仑认为库图佐夫不可能迅速补充这些损失。为了避

免再犯侵入俄国的错误，他这回要安静地在维斯杜拉河与涅曼河之间等待俄军的到来，并且把俄军就地击溃。

在俄国，库图佐夫反对继续作战，因为他的手下已是一支弱小而又精疲力尽的军队，与拿破仑作战会遇到很大的困难。但是亚历山大的理由是，给拿破仑以喘息时间就等于让整个欧洲像先前一样受他统治，那样，拿破仑对涅曼河的威胁将是经常不断和不可避免的。另外，亚历山大还认为，如果已经进入普鲁士边境的俄军得到增援的话，普鲁士的国王将被迫拿起武器反对法国皇帝。

而普鲁士自从被法军打败后，复仇之心一直如烈焰般熊熊燃烧，时刻想着脱离法国。国王向拿破仑请求，把法军驻扎的一些地方让出来，请求把为维持法军军费而欠他的9400万法郎归还给他，但是遭到了拒绝。普王虽然已经坚决地将拿破仑当敌人了，可对于沙皇亚历山大还是带有一点不信任。

普王跟沙皇建议，如果他同俄国一起对拿破仑作战，他就一定要收复除提尔西特和约签订时割让的原属普鲁士的全部领土。1813年2月27日，亚历山大让步了，双方在卡利什签订条约，这份条约也成了第六次反法同盟的基础。

除此外，英国由于法国对其施行大陆封锁政策，使其贸易经济遭受重大损失，对法早已恨之入骨。还有瑞典、西班牙、葡萄牙也都对法蠢蠢欲动。

新的反法同盟的形成对拿破仑无疑是前所未有的挑战。这次的挑战是严峻的，俄国、普鲁士、瑞典、西班牙以及葡萄牙等国气势汹汹，力图通过这一击将拿破仑置之死地。

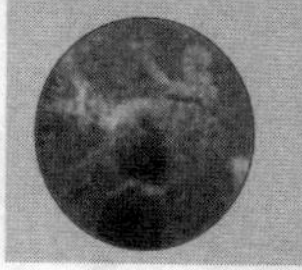

4月份，拿破仑的军队已驻扎在艾尔福特，装备非常精良。头几个月里，拿破仑白天研究建立和组织军队的问题，晚上抽出一部分时间来改善财政。他注意不使德意志诸国的居民破产，不激怒他们，因为他们暂时还是服从他的。

就在战争开始的时候，联军司令库图佐夫逝世了。这使得在军事行动开始之际，新任司令维特根斯泰因伯爵到达前，俄军和普鲁士军队事实上没有了总司令。拿破仑遇到的阻力并不算大。开始，俄军被赶出了韦森非尔斯。接着，在5月1日和2日，在韦森非尔斯附近和吕岑近郊发生了战斗，法军大获全胜。联军东退至德累斯顿，但拿破仑考虑到法军的补给不足，且缺少骑兵，没有进行迅速追击。吕岑的战斗是十分激烈的，死伤很多。

吕岑会战第二天，拿破仑以非同寻常的言辞发布了嘉奖令。拿破仑想再次掀起法国军人的荣誉心，但这一次他用的不是共和国的旗帜，而是种族偏见。

同时，梅特涅着手恢复拿破仑与联军之间的和平，同时保证拿破仑与奥地利在下列基础上可结成同盟：拿破仑放弃华沙大公国，不再充当莱茵同盟的保护者，放弃汉撒同盟各城市和伊利里亚，所有其余地方（也就是整个帝国和比利时，整个意大利、荷兰、热罗姆·波拿巴的威斯特法利亚王国）仍然和以前一样，归拿破仑所有。拿破仑拒绝了，他决定继续打下去，不做丝毫让步。

没几天，联军撤离德累斯顿，且战且走，在打过几场激烈的遭遇战后，退却至德累斯顿以东35英里包岑附近的施普雷河上游。得知联军在这里有重兵防守，拿破仑断定在包岑

将会有一场大战。拿破仑派内伊从北面包抄敌军的右翼。

5月20日下午，战斗打响了，在第一天的激战中，法军夺得了包岑镇，但未能把盟军逐出南面树木丛生的丘陵地。

5月21日拂晓，阵阵炮声和枪声以震天动地的方式打破了黎明的平静，内伊率领的强大军团攻陷了普雷蒂茨村，使得联军的交通线暴露在法军之下。

战斗几乎与在吕岑的战斗一样激烈，法军伤亡约1.3万人，联军约2万人。战后的战场上惨不忍睹，到处横陈着尸体，他们包括法国、俄国、普鲁士人，整个战场血流成河，乌鸦在上空盘旋，发出悲鸣声。

包岑之战使联军的处境更为艰难，除了损失重大外，普俄之间也出现了纷争。沙皇用巴克莱取代了维特根斯泰因，并坚持将俄军撤到波兰。

而拿破仑虽然在6月1日占领了布雷斯劳，但形势也不容乐观。战线太长，伤亡增加，缺少弹药，除此外，紧靠的奥地利也对其虎视眈眈。如果奥加入俄普联军，那么法军将更为艰难。所以几天之后，敌对双方接受了由梅特涅提出的调停建议。1813年6月4日，在普列什维茨签订了停战条约。

可实际上，无论是联军还是拿破仑，他们虽然签订了停战条约，但都心里明白，这决不是所谓的和平。联军知道，拿破仑还在吕岑和包岑战斗发生之前，就未作任何让步，现在获得了两次胜利，更不会作出任何让步了；从自己方面说来，如果说亚历山大同意停战，那是因为巴克莱直截了当地说，军队在遭到失败以后需要恢复、整顿和得到增援。而拿破仑同意停战，也是为了得到增援，以便最后击溃联军。可

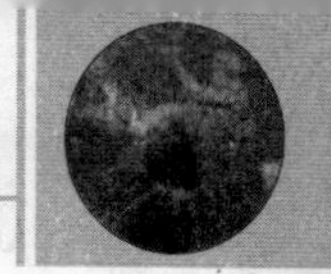

他签署这个停战协定是犯了致命的错误的，因为停战有利于自己的敌人，而不利于自己，并且停战也成为使奥地利退出调停人的地位而倒向联军的原因之一。

如果拿破仑在取得光辉胜利的1813年春季战役后就回巴黎的话，他会保留住自己巨大的领地，只不过放弃了巴尔干的伊利里亚，牺牲了华沙大公国和莱茵同盟。但是，他知道，这些让步，这种放弃建立世界帝国的想法，就意味着英国在经济上和政治上的胜利。他认为这样一来就完不成自己的任务了，法国的商业和工业就仍然没有力量与英国的工商业竞争，1811年的危机就会成为周期性的现象，工人就会起义，而他就会被资产阶级所抛弃。

事实上，奥国外交界既不希望拿破仑彻底战胜联军，也不希望联军彻底战胜拿破仑，因为后一种结果会使俄国沙皇称霸欧洲。梅特涅希望说服拿破仑让步，他于1813年6月28日到了拿破仑所住的德累斯顿宫。拿破仑当时提出，甚至最小的让步都会使他受到屈辱。梅特涅回答说，如果是这样的话，战争将永远不会结束，而整个欧洲和法国现在被战争弄得疲惫不堪，迫切需要和平。此次谈话双方不欢而散。

尽管如此，拿破仑在不正式承担任何义务的条件下，终于同意由奥地利进行调停。于是，应梅特涅的邀请，俄国、普鲁士和奥地利的全权代表于1813年7月12日到了布拉格，进行了一场毫无结果的谈判。虽然拿破仑的军队加强了，但是总的政治形势明显地变得不利了。同时，传来了一系列关于法军在西班牙失利的消息。英军和西班牙的游击队把法军逼进比利牛斯山。

拿破仑并不希望布拉格的谈判有什么结果，他只想把事情拖延下去。俄国和普鲁士的全权代表和梅特涅本人觉得这种拖延是对他们的侮辱，他们很生气。他们从7月12日起就到了布拉格，而法国人却迟迟没有到来，到会后又用各种办法来阻挠谈判。

但是在梅特涅与拿破仑谈话之后，奥地利的动摇停止了。梅特涅直截了当地对法国代表纳尔博纳说，如果布拉格会议在停战期限到期以前还不召开的话，奥地利就要参加联军。8月10日，停战最后期限到了。8月11日梅特涅声明，奥地利对拿破仑宣战。此时，反法同盟的力量更为强大。

1813年的战争又迫在眉睫了。现在联军加上后备队伍人数几乎达85万人，而拿破仑的军队加上后备部队，将近55万人。联军总司令是奥地利元帅施瓦岑贝格。拿破仑一点也不怕他。俄军已经没有库图佐夫，也没有巴格拉吉昂了，而对于其余俄国将军，拿破仑仍然没有放在眼里。他对于斯摩棱斯克和博罗迪诺战斗的若干参加者的评价是相当高的，但是对于俄军司令部总的评价却很低。

拿破仑过去的元帅，现在的瑞典王储、拿破仑的敌人贝尔纳多特设法告诉拿破仑：亚历山大一世及其盟国的君主请来了法国旧将军莫罗帮助他们。莫罗是一位有才能的将军，亚历山大一世对他表现出了最大的关心和尊敬，他总是希望让莫罗担任最主要的角色。俄国皇帝认为：第一，只有莫罗在战略方面是拿破仑旗鼓相当的对手；第二，莫罗投奔到联军的营垒中来，可能引起法军的一些动摇，因为到现在为

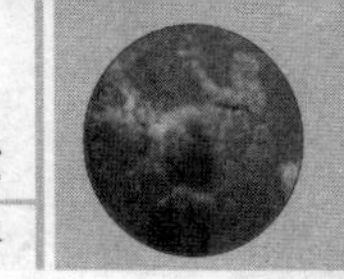

止，莫罗还享有无可责难的共和国将军的声誉，他是无辜地被拿破仑驱逐出法国的。然而对于法国的士兵群众来说，法国、皇帝、祖国这些字眼是一个统一的整体，他们浅薄地认为帮助联军的人就是法国的叛徒。亚历山大希望莫罗能够代替施瓦岑贝格担任联军的总司令，而莫罗本人建议，由亚历山大担任总司令，他当参谋长，实际上仍是最高指挥官。

8月底，法军主力部队集中在萨克森—波希米亚边境至德累斯顿沿线，向东一直到伊萨山脉的齐陶，控制着易北河沿岸的所有据点。此刻，强大的四国联军正向拿破仑的大军逼近，对法军形成包围之势。在拿破仑驻军的德累斯顿的东面，6万波兰军在本尼格森的率领下全力向西挺进；北面，贝尔纳多特将率领他的4万瑞典军与普鲁士军会合。四国联军的兵力一共有51万。

8月26日至27日，在德累斯顿防御战中，拿破仑还是取得了胜利。这次战斗击败了施瓦岑贝格的进攻，联军伤亡约3.8万人，损失26门火炮，法军损失只有1万余人。联军战败撤退时，拿破仑由于缺少骑兵而未能及时追击，以致未能进一步扩大战果。德累斯顿战役虽然获胜，而且是拿破仑在外国土地上的最后一次胜利，但同包岑之战一样，这次战役在战略上影响不大。

两天之后，拿破仑属下的旺达姆第一军3万余人，由于孤军奉命“突入波希米亚”，结果在埃尔茨山的一条峡谷里，被克莱斯特的普军彻底歼灭。旺达姆本人也被俘。

乌迪诺·麦克唐纳和旺达姆接连惨败，两次表明拿破仑的领导控制能力正在衰退，法军的作战行动中假如没有拿破

仑本人的积极控制，他的整个指挥系统就会彻底瘫痪。

德累斯顿战役后，拿破仑对于下一步行动有些举棋不定。就在他在各种行动方案间踌躇时，联军已展开了巨大的钳形攻势。布吕歇尔、贝尔纳多特、施瓦岑贝格率领各自的军团从三个方向向法军大军团包抄了过来。

10月10日，拿破仑将他的大本营移到了资源更为丰富的莱比锡以北20英里的杜本。他决心在莱比锡进行一场决战。10月14日，法军主力经急行军后到达莱比锡，法军在莱比锡的兵力为15万多人。此时联军正从四方向莱比锡黑压压地涌过来。拿破仑将大本营移到了距莱比锡东北不到2英里的一个小村庄罗伊德尼茨。这一次，拿破仑选择的这一战场十分糟糕，因为他的19万人马已被甩到了一个狭窄的圈子里，行动余地很小。

10月16日早上，天色阴沉，细雨连绵。上午9点，联军阵地上连续响起三声急炮，炮声宣告战争开始，莱比锡大战的硝烟已经升起。联军炮火齐发，四股联军在疯狂的炮火掩护下，向莱比锡的法军步步紧逼。法军的一线部队难以招架。上午11点，拿破仑命令全线进攻，战斗一直打到天色很晚才暂时停止，双方胜负未分，但伤亡均十分惨重。

第二天，双方喘息休整，拿破仑请求休战，但联军未予理睬，因为拿破仑的外交伎俩他们早就领教够了。但联军也不急于重新开战，因为他们还在等待即将赶来的俄军。

10月18日，战斗又打响了。这天清晨，拿破仑视察了战场各地段。7时整，联军发起冲锋，法军经过一阵抵抗后，终因众寡悬殊被迫退守莱比锡郊区。此时法军的炮弹也几乎

消耗光了。从早晨到傍晚的交战，双方损失都达2.5万人左右。夜幕降临后，拿破仑被迫放弃战斗，下令向西南撤退。幸亏从吕岑到韦森非尔斯和萨勒河谷的退路未被联军封闭。大军团撤退时，狭窄的路拥塞不堪。

在艾尔斯特过河时，由于一位工兵少尉的错误，在后卫部队未完之前就把石桥炸毁了，结果，3.3万名法军后卫军和260门火炮全部落入联军之手。

10月20日，法军渡过了萨勒河。10月13日，抵达艾尔福特。在这里，缪拉向拿破仑辞行，他要回到他的王国那不勒斯，拿破仑同意了他的辞行。

10月30日，法军快接近法兰克福时，拿破仑发现4万名巴伐利亚军挡住了法军的退路。12万名法军集中了50门火炮击退了巴伐利亚军。11月11日，困守在德累斯顿的已成孤军的圣西尔元帅被迫向联军投降。此时，法军在维斯瓦河、奥得河、易北河一带的要塞全部丢失，落入联军之手。莱比锡的惨败归根结底是拿破仑本人的失败，优柔寡断，战线太长，用人不当，这都是他军事才华用尽的表现，是其政治野心导致的恶果。从此刻起，拿破仑走上了一条穷途末路。

被迫退位

莱比锡战役失败后，拿破仑的帝国面临土崩瓦解。

此时的法国已经民穷财尽，立法院也采取不合作态度，不愿给予更多的拨款。人们对拿破仑也表示出沉默的不合作

态度，欢呼声已经很少，积聚的怨愤日益增多。同时，军队士气低落，大家对多年的战争感到厌恶至极。此时的拿破仑已无多余精力对其政权加以巩固了，35万联军乘胜追击再次围攻而来，尽管他们深入法国还需要几个月的时间。而与以往不同的是，这次的战场是在法国的土地上。拿破仑一面加紧提前召集1815年的新军，一面通过种种手段搜罗留守人员，但也仅仅征到10余万的兵力。其中野战机动部队只有可怜的8.5万人。

第一骑兵军	杜默克	3000人
第二骑兵军	埃克尔曼	2000人
第三骑兵军	阿里希	2000人
第五骑兵军	米尔豪德	5000人
第二军	维克托	1.2万人
第五军	麦克唐纳	8000人
第六军	马尔蒙	1.4万人
第七军	乌迪诺	1.2万人
青年近卫军	内伊	1.6万人
老年近卫军	莫蒂埃	1.1万人

总计：8.5万人

此时，拿破仑的身边除了妻子儿子外，他的兄弟等亲人均处境不佳。哥哥约瑟夫被赶出了伊比利亚半岛，成为了一个可怜的破产的流浪者；弟弟热罗姆身为威斯特法利亚国王，却不断违背拿破仑的命令；路易在巴黎附近的塞纳河边流浪，他还写信给拿破仑说很想当荷兰的国王。拿破仑回信破口大骂：

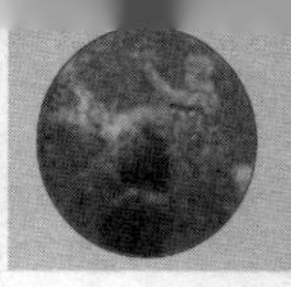

现在，全欧洲都是我的敌人。如果你还想以国王的身份回到荷兰，那么请你滚出巴黎，以后都休想踏进巴黎方圆120英里的范围。

为了集中对付东线，拿破仑又从苏尔特处调兵两个师，从富歇处调兵1万人。他要争取在联军向巴黎作向心合击前对敌各个击破。一场辉煌壮丽的法兰西战役开始了。

在1814年，像以往一样，拿破仑完全指望武力，而且只相信武力。但是他知道，整个欧洲人民被战争弄得疲惫不堪，迫切渴求和平。因此他没有直接拒绝圣埃尼昂（法国外交官）从法兰克福带回来的条件，从1813年11月15日把条件转达给他后的两个月中，他装出也希望和平的姿态，但是却用尽一切办法来拖延和谈。他希望同盟各国自己破坏这些条件，使战端重启的罪名不落在他的身上。他知道，除了奥地利之外，没有一个与他交战的国家希望看到他继续统治下去。所以，这一次拿破仑装做一点也不反对和平谈判，如果需要再招新兵，那根本不是为了战争，而是为了维持和平的愿望。1813年12月，11万新兵被征召入伍，接着又开始进行新的征兵。

1814年1月联军最后跨过了莱茵河，进攻沿着阿尔萨斯和费朗士—孔泰一线进行。在南方，威灵顿从西班牙越过比利牛斯山，进入了法国南部。

拿破仑对塔列朗的叛卖已经确信无疑。1814年1月，拿破仑要他与科兰古一起去进行谈判，当塔列朗拒绝去的时候，拿破仑甚至举起拳头来威胁。他也不相信富歇。在这个时候，他连元帅们也不再相信了。他只相信士兵，而且是相信老兵，但是剩下的老兵已经不多了，他不得不赶忙从西班

牙、荷兰和意大利召回还活着的老兵。他毕竟还是希望战斗，而不是和平谈判。

在拖延了两个月之后，联军向拿破仑提出，法国现在的疆界应与1790年法国的疆界相同，也就是说，没有比利时、荷兰、萨伏伊，没有在革命战争时期合并的莱茵河左岸的地方。这比联军在1813年11月提出的疆界所包括的领土要少一些。同盟各国都同意这个新的建议。和谈会议在夏蒂荣召开，谈判仍一无所获。

拿破仑的谈判代表科兰古向拿破仑报告说，这个条件是保存帝国的最后希望，而拿破仑则表示他宁愿在法国看见波旁王室，也不愿意接受条件！

1814年1月24日夜晚，拿破仑任命自己的妻子玛丽·路易丝为帝国摄政王。如果拿破仑死去，他的3岁的儿子罗马国王就应该在母亲继续摄政之下马上即位。拿破仑十分喜欢他的小宝贝，他一生中从来没有像爱这个小宝贝那样爱过任何人。24日，拿破仑整天都在自己的办公室里做一些紧急的事情，他的儿子像平常一样，骑着小木马在父亲的身边玩耍，也许因为他讨厌父亲忙于处理公文，就拉着父亲的衣襟，要父亲注意他。拿破仑把他抱在手里，又把他抛在空中再接住。小小的罗马国王很高兴，不住地吻自己的父亲。夜晚到来了，他被带去睡觉了。早上3点钟的时候，拿破仑悄悄地来到孩子的寝室，一动也不动地站在熟睡的孩子的床前，目不转睛地、长久地注视着他的儿子，然后走了出去。一分钟之后，他已经坐上马车，到军队去了。此后，他再也没有看见过自己的儿子。

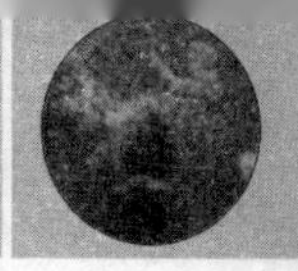

次日一大早，拿破仑就起程来到了法军的集结地——夏龙，在这里集结的法军兵力不到9万。拿破仑探出了布吕歇尔军团的调动情况，派出自己的军队去进攻布吕歇尔和俄国沃斯汀·萨肯的军团，1月31日在布里埃纳附近，经过激烈战斗之后，取得了新的胜利。这大大鼓舞了灰心丧气的士兵们。

布吕歇尔战败之后立刻赶到奥布河岸的巴尔，在那里集中了施瓦岑贝格的主力。联军在肖蒙与巴尔之间共有12.2万人。拿破仑这时的士兵人数只有3万多一点，但是他决定不后退，而是迎接战斗。拉洛特尔的战斗是2月1日清晨开始的，持续到上午10点钟。在这场战斗之后，拿破仑在未受到任何人追击的情况下渡过了奥布河，2月3日进入特鲁阿城。

在2月10日至14日之间，拿破仑接连指挥部队在尚波贝尔、蒙米赖、夏托蒂埃和沃尚的几次会战中，打败了西里西亚军团的前卫和侧卫，取得了一连串的胜利。

此时南面的情况却不太妙。他曾留下维克托和乌迪诺3.2万人扼守塞纳河口，对抗施瓦岑贝格。在沙皇催促下，施瓦岑贝格的部队在塞纳河上的布雷对维克托发起攻击，夺取了该地的桥梁。维克托北退25英里到达楠吉，这使朝巴黎的大门敞开了。拿破仑非常焦虑，他留下莫蒂埃和马尔蒙监视布吕歇尔后，自己又率近卫军前往塞纳河救援。

16日，拿破仑抵达吉纳。他与施瓦岑贝格的部队在楠吉交战，将企图渡过塞纳河的敌军击退，使施瓦岑贝格退至特鲁瓦，战局似乎有所扭转。

但拿破仑低估了敌人，此时他认为胜券在握，对败退的施瓦岑贝格进行猛追。从塞纳河一直追到特鲁瓦，施瓦岑贝

格的部队数量上是拿破仑的两倍，却不战而走，一直退到了奥布河之后。但是时间的滞延有利于联军而不利于拿破仑，贝尔纳多特的3个军在比罗的指挥下正从北面向布吕歇尔靠拢，布吕歇尔却正在穿过马恩河与塞纳河的中间地带向塞赞推进，逼近巴黎。

现在拿破仑才意识到布吕歇尔是他最危险的敌人，他立即开往拉费尔附近的马恩河畔，想渡河去追布吕歇尔，但布吕歇尔过马恩河后炸毁了桥梁，使拿破仑受阻了36小时。

3月3日，布吕歇尔在苏瓦松与瑞典的比罗生力军会合，苏瓦松的守军不战而降，这使拿破仑大为震怒。布吕歇尔现在拥有10万余人的队伍，但他仍然撤退到了拉昂。拉昂以南9英里处，有一片隆起的长20英里的陡峭山脊，人们称之为“贵妇之路”。

布吕歇尔将俄国的沃隆佐夫军部部署在山脊之上，其左翼以克朗村为依托。3月7日，拿破仑追兵到达后，即命内伊指挥的法军前卫对这一坚固阵地发动正面进攻，双方展开一场生死搏斗。直至拿破仑将近卫骑兵和近卫炮兵拉上去以后，俄军才退至拉昂另一片几乎同样坚固的阵地。双方各伤亡约7000人。

翌日，拿破仑进至拉昂阵地，意图决战，最终摧毁布吕歇尔。然而他在战术上却错误地将进攻力量分为两股，分别由苏瓦松和兰斯的公路前进。“贵妇之路”北部森林密布的丘陵将两支部队分隔开来，内伊在左，取道苏瓦松攻击拉昂；马尔蒙在右，向兰斯方向前进。由于布吕歇尔的哥萨克骑兵在两条公路之间巡逻，这两支部队无法进行通信联络。

内伊的进攻在拉昂西南受阻，而右翼马尔蒙军遭到约克和克莱斯特的夜间突袭。

法军惊惶不安，全军被逐回埃纳河，损失2500人和45门火炮，在极度的疲劳和紧张之中，法军崩溃了。

布吕歇尔的韧性战斗终于拖垮了拿破仑。南面50英里外的塞纳河前线也传来了令人沮丧的消息。施瓦岑贝格又重新活跃起来，将乌迪诺和麦克唐纳从奥布撵回普罗万附近地区，巴黎又处在危险之中。拿破仑迅速东进，向兰斯扑去，3月13日在此打败圣普里斯特的俄军，然而，他开始意识到大势已去。

为解巴黎之危，他构想了一个从布吕歇尔和施瓦岑贝格两军的间隙东进，直抵圣米耶尔附近的默兹河畔的冒险计划。意在救援摩泽尔河上游的梅斯和蓬塔穆松各处被围困的法国守军，以获得新的力量，加强他那支疲惫不堪的部队。他认为这样一来，就可以改善自己的处境，可威胁奥军的交通线并迫使胆小的施瓦岑贝格退往莱茵河。但这是一个近乎狂妄的计划，按此计划莫蒂埃和马尔蒙将率1.7万人留在巴黎，抗击布吕歇尔的10万大军。

3月22日，拿破仑开始东进。在维特里勒弗朗索瓦发现有奥军重兵把守后，便改而在其南面渡过马恩河，继续向东开赴圣迪齐埃。不幸的是，他写给玛丽·路易丝皇后的一封信中泄露了这一计划：

我决定东进马恩河以迫使敌军远离巴黎，并将敌军吸引到我的要塞附近来，今晚我将驻扎在圣迪齐埃。再见，亲爱的！吻我的儿子。

这封信被布吕歇尔的哥萨克骑兵所截获，因此，拿破仑

的全盘计划被联军掌握。

从俄国哥萨克偶然截获的玛丽·路易丝皇后和警察总监萨瓦里给拿破仑的信件中，亚历山大确信法国人民绝不会进行抵抗，联军进入巴黎就会立刻决定战争全局，以推翻拿破仑来结束这场战争。

横挡在路上的，只是马尔蒙元帅和莫蒂埃元帅、巴克托德将军和阿美将军，他们总共有将近2.5万人。拿破仑和主力远在联军的后方。3月25日，战争一触即发，联军战胜了两位元帅后，直驱法国首都巴黎。

3月29日，玛丽·路易丝皇后按照拿破仑的遵照嘱托带着年幼的皇储——罗马国王离开巴黎，朝卢瓦尔方向逃走。

3月27日，联军兵临巴黎城下。保卫巴黎的法军将近4万名。亚历山大不想喋血巴黎，于是把自己装扮成宽宏大量的胜利者。他准备在巴黎出现和平投降的希望时，立即停止战争。残酷激烈的战斗进行了几小时，联军在这几小时当中损失了9000人，其中将近6000人是俄军，但是马尔蒙元帅被失败的恐惧所压倒，而且受了塔列朗的影响，最终在3月30日下午5点钟投降了。第二天，联军进入巴黎城，随即宣布路易十六幸存的兄弟普罗旺斯伯爵为法兰西国王，号称路易十八。

拿破仑是在圣笛瑟与奥布河岸的巴尔之间进行战斗最激烈的时候知道联军突袭巴黎的消息的。他立即带领军队前往巴黎。3月30日晚上，他到了枫丹白露，在这里知道了刚刚结束的战争和巴黎投降的消息。可是拿破仑绝不认为这就是失败、结束的代表。他仍像往常一样精力充沛、指挥果断。

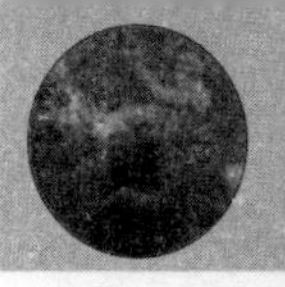

他沉默了一刻钟，然后对科兰古和他周围的将军讲述了新的计划。他的计划是：科兰古到巴黎去，以拿破仑的名义向亚历山大和联军建议，根据他们在夏蒂荣提出的那些条件签订和约。然后科兰古在各种借口之下，3天之内从巴黎到枫丹白露，然后再从枫丹白露去巴黎，在这3天内，拿破仑留在联军后方的所有部队就会赶来，那时联军就会被赶出巴黎。

科兰古就出发去了巴黎，而拿破仑又着手进行紧张的备战工作，他认为这场战争一定会在三四天之内爆发，重要的一点是，在这三四天之内，联军千万别采取任何决定性的政治措施，别用这些措施扰乱人心，而使动摇的人加入他们的一边。为了达到这个目的，他才想出了根据在夏蒂荣提出的条件建议签订和约的骗局。

但一切都晚了。同盟国家的君主发出宣言，不与拿破仑进行谈判，但是他们表示愿意承认法兰西民族自己选择的政府和国家制度。在这种情况下，科兰古与联军的谈判一无所获。科兰古回到枫丹白露的时候看见了这样的情景：军队集结在皇帝的大本营前，预计皇帝到4月5日就会拥有7万名士兵，他将带领他们前往巴黎。

4月2日，参议院在联军要求下，颁布了一条法令，宣布拿破仑丧失帝位，废除拿破仑的世袭君王制度。以塔列朗为首的临时政府立即根据这一项法令发布告法国军队书，通知部队不能再为拿破仑效命，参议院已解除了他们对拿破仑的誓词。

4月4日早晨，拿破仑检阅了军队，并且对他们说：“士兵们，敌人比你们早来3天，占领了巴黎。现在必须把他们

赶出巴黎。卑鄙的法国流亡者与敌人联合起来了，带上了白色的帽徽。我们宣誓，胜利或者战死，要对祖国和我们的军队受到的侮辱进行报复！”

“我们宣誓！”士兵们大声呼应。

当拿破仑在检阅后回到枫丹白露宫的时候，他遇到的是另外的一种情绪。元帅们愁眉不展，低头不语地站在一旁，谁也不想说话。

拿破仑要他们说明原因，他们对他说，他们根本没有获胜的希望，整个巴黎都吓得发抖，在默默地等待皇帝进攻已进入巴黎的联军，就像等待死亡。因为这次进攻将标志着居民的伤亡和首都的毁灭，人们以为联军会为莫斯科复仇而放火烧掉巴黎。

另外，很难让士兵们在巴黎的废墟上作战。拿破仑只让科兰古、贝尔蒂埃和巴诺公爵留在自己身边。他生气地抱怨元帅们的动摇和怯懦，缺少对他的忠心。几分钟后，他对自己的元帅们说，他想让位给自己的儿子——年纪幼小的罗马国王，由玛丽·路易丝摄政，如果联军同意根据这些条件签订和约，那么战争就算结束了，并说他要派科兰古带着这个建议到巴黎去与联军进行谈判。

在这些日子里巴黎发生了很多事情。塔列朗很快就召集了一部分他相信的议员，让他们投票表示要推翻拿破仑皇朝而承认波旁王朝。而主要的一件事情是，马尔蒙元帅背叛了拿破仑，他带领自己的军队退往凡尔赛，投到了塔列朗和由塔列朗领导的“临时政府”的一边。

当联军知道马尔蒙的叛变以后，他们的动摇停止了。现

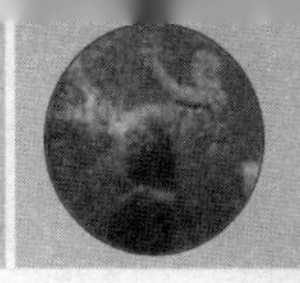

在，当拿破仑直接掌握的主力离开他之后，他要进攻巴黎是不可能的了，也就是说，联军已经彻底没有威胁了。于是联军决定把王位给予波旁王室。科兰古告别的时候，联军请他让拿破仑退位，不准延期发出退位诏书，答应让皇帝保留他的称号，让他完全拥有地中海的厄尔巴岛。

以塔列朗公爵为首的联军和保皇党，都有些怕内战和士兵群众，因为士兵群众仍然像以前那样完全服从拿破仑。拿破仑的正式退位能够防止引起骚乱。

4月5日晚上，科兰古、内伊和麦克唐纳从巴黎回到枫丹白露。他们述说了与亚历山大和联军会见的情形，并劝拿破仑服从命运的安排。这一夜，拿破仑几乎没有睡觉。

1814年4月6日早晨，他下令召集元帅，并且对他们说："先生们，放心吧！无论是你们或者军队，都再也不用流血了。我同意退位。我多希望为了你们，也为了我的家庭，让我的儿子继承皇位。我想，假若有这样的结局，这对于你们比对我更为有利，因为你们那时就会在一个与

你们的出身、你们的感情、你们的利益相适应的政府的管辖下……这本来是可能的，但是卑鄙的叛变使你们失去了我想为你们保证的这种地位。如果不是第六军团（马尔蒙）的背叛，我们就会达到这一点和得到别的东西，我们就会振兴法国。但是发生了另外的情况。我屈从于我的命运，你们也屈从于你们的命运吧。容忍一些吧，在波旁王朝统治下生活吧，并且忠实地服务。你们希望安宁，你们会获得安宁的。但是，唉！我们不是为安宁而诞生的一代人……”

一下子似乎苍老了10岁的拿破仑，说出这番话来，使将军们极为感动，他们都不由自主地亲吻着拿破仑的手哭了。这些将军不愿意再跟拿破仑去打仗，并不代表他们对拿破仑没有了友谊。毕竟，拿破仑卓越的军事天才和智慧曾带领他们走向一个又一个辉煌。

当亚历山大在巴黎接到拿破仑宣布退位的签字文件时，他诡笑了。他终于用自己的足智多谋、狡猾阴险和自然条件打败了拿破仑的英勇果断、狂妄扩张和冒进。原来他只向拿破仑一人表示过敬畏和屈服，现在，他再也不会向欧洲的任何一个人低下他高贵的头颅了。

后来，反法联盟军同意拿破仑继续使用皇帝这个名称，但只限在厄尔巴岛使用，小罗马王和玛丽·路易丝可得到在意大利的独立领地。

拿破仑伤心地说：“我要求得太多，把弓拉得太满，过分信任自己的好运。我的失败是咎由自取，我才是自己最大的敌人，是造成我不幸的祸因。”

自此，拿破仑王朝结束了。

东山再起

拿破仑的退位似乎意味着欧洲的平和，至少暂时呈现出这样一种“团结”的气氛。而就在枫丹白露签订的第二天，已四十四岁，身体微微发胖，一向纵横捭阖的拿破仑面对这种使其屈辱的结果选择了服毒自杀，幸而未遂。最终，这位被废黜的曾驰骋欧洲的皇帝接受了被流放厄尔巴岛的命运。

1814年4月20日上午11点，枫丹白露。拿破仑向老近卫军们发表了感人的告别辞。这让许多老近卫军想起了以前和皇帝在战场厮杀的一幕幕。之后，拿破仑以坚定的步伐走出枫丹白露宫，坐上马车离去。跟他走的有一部分侍从，以及俄国、奥国、英国、普国的特派员，护送他南下。

4月28日，拿破仑在圣拉斐尔登上“无畏号”英舰，5月4日在厄尔巴岛首府波托费拉约上岸，开始了他的流放生活。按照枫丹白露条约，拿破仑只被允许携带400名武装警卫。但许多老近卫军坚持追随皇帝流放。3个星期后，700名老近卫军在康布罗纳将军的率领下，由陆路行军到达厄尔巴岛，伴随他一起生活。

厄尔巴岛位于意大利半岛与拿破仑的故乡科西嘉岛之间的地中海上，离托斯卡纳沿岸不过几英里之途。岛上仅有居民数千人，是一个名不见经传的小岛。

厄尔巴岛环境不错，拿破仑开始好像还挺满意岛上的生活。他像管理军队一样将自己的全部热情和能量投入到这个小小的王国里。他组织了一个微型国家，修建了海港，组建

了一支小舰队，在波托费拉约建造了一座都市房屋，又在桑马提诺修了一座乡间别墅。

但这个囚徒没有丧失生活的勇气和信心，他当初说过这样一句话："我退位，但我不屈服。"拿破仑立志在这个小岛上，重新开始一番大作为。首先，拿破仑发现岛上的交通非常不方便，虽然岛不大，但是本来不远的地方却需要走较长的时间。于是，他召集手下和当地的一些村民修建了铁路。除此外，还大力鼓励种植桑树。同时，振兴其凋敝的铁矿业，因为，铁矿一直是该岛的主要资源。另外，我们不得不赞叹拿破仑对自然的远见——他一再要求每一个人都要尽心维护岛上的环境卫生。这与21世纪的我们所提倡的不正好一样么？总之，不论从哪方面看，战争与法国都不可能再属于他。

除此外，他还通过训练、检阅、演习，保持由800名老兵组成的那营人马的健康体魄和旺盛的斗志。每天一大早，他在岛上的小径上骑马奔驰，身后跟着几位军官。他的活动比以往任何时候都频繁。活动场地越小，他越爱奔走。

拿破仑还组织了一个正式的随从班子。贝尔特朗就任大元帅，德鲁奥为军事总督，康布罗纳为近卫军司令，佩鲁斯为总监督员。4名内侍从地方显贵中选定，弗洛·德·博勒加尔为首席医生，另又挑选了35名仆人和100匹马。

记得刚到厄尔巴岛10天后，拿破仑就效仿遥远的杜伊勒里宫的仪式，举行了一次聚会。出席这次聚会的人五花八门。应邀的还有50名普通市民和商贾出身的妇人，一个个装饰可笑，举止笨拙。拿破仑神情严肃地在这个有名无

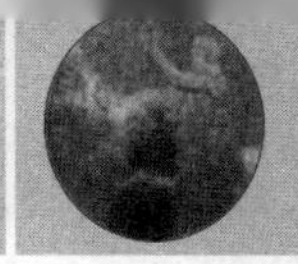

实的宫廷前出现，显得和蔼可亲、兴致勃勃，与所有的男女宾客说话。

拿破仑盼望着玛丽·路易丝和儿子到来，给她写了很多信。可是，他完全不知道但玛丽·路易丝把孩子托付给梅特涅，又抛弃了丈夫的荣誉，选择了一位叫奈珀克的将军，在奥地利过上了不光彩的生活。

拿破仑在事业坍塌崩溃后，仍不能忘记给约瑟芬争得一份不菲的财产所得，作为自己对往日情怀的珍重。但是此时的约瑟芬，却早已把拿破仑抛出了自己的记忆之外。

约瑟芬看到拿破仑这棵大树倾倒，再不能作为她终身的依靠，便马上来到女儿奥坦丝身边，把马尔梅松宫变成了一个奢华的社交场所。她在这个场所内开始广泛结友结帮，一时间，打败她前夫的敌人们纷纷乘着马车，来到这座香艳富华的宫内充分享乐。其中，亚历山大成了最殷勤的、最受约瑟芬重视的客人。但是，约瑟芬最终吞下了自酿的苦酒。8月24日，宴会后她赤裸着肩膀陪同亚历山大在花园中散步到深夜。年龄使她耐不住这场风寒，由风寒引起发烧咳嗽，最终因肺炎不治而亡。

拿破仑在岛上居住时，他的母亲和妹妹卡罗利娜也随同到岛上伴他一起生活。有意思的是拿破仑还发生过几次短暂的艳事。

一位自愿为厄尔巴岛效劳的意大利少校的妻子引起了他的兴趣。此人是科隆巴妮夫人，拿破仑把她给了卡罗利娜当女伴，两人的暧昧关系不甚明显，且持续时间不长。另一位是贝尔里尼夫人，她是西班牙人，长得一点也不漂亮，但却

活泼、迷人，尤其是舞姿非同凡响。最后一位是美丽动人的莉兹，曾得到过皇帝的宠爱。她不忘旧情，于一个早晨来到了波托费拉约，现称莫洛伯爵夫人。

拿破仑也把她安排在卡罗利娜身边，与她又恢复了昔日的特殊关系，但十分谨慎。

拿破仑到厄尔巴岛后的头几个月，日子过得十分平静和单调。从1814年的秋天，特别是从11月、12月起，拿破仑就特别注意地打听一切有关法国和当时刚开始的维也纳会议的消息。这些消息清楚地表明，复辟了的波旁王族及其周围的人的所作所为，比预料的更加轻率，更加荒唐。

患老年痛风病的国王路易十八本人是一个谨慎的人，但是从他的兄弟查理·阿图瓦、随同波旁王族一齐回国的那些流亡者以及这位查理·阿图瓦的儿子安古列姆公爵和别里公爵的行动看来，似乎根本没有发生过任何革命，也从来没有存在过拿破仑。他们的领土和革命前的一样，就连对旧王朝的虔诚与驯服也一模一样。但是他们很快就确信，要摧毁拿

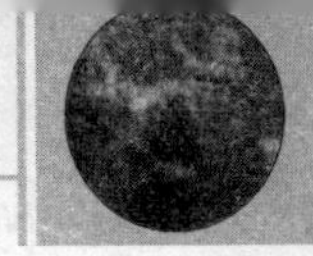

破仑设立的机构是绝对不可能的，拿破仑所创立的一切都是不可触犯的，甚至荣誉勋章也都保留下来了。

同时，在帝国崩溃和大陆封锁取消后的几个月，工商业资产阶级就怨声载道了，波旁王朝的政府连想也不敢想进行坚决的关税斗争来反对英国人。如果说，资产阶级当中有谁稍微愿意迎接波旁王朝，那就是知识分子。但是这些受过18世纪启蒙文学和自由思想熏陶的有教养的人们，很快就不满于僧侣们在波旁王朝宫廷中、行政管理和社会生活中表现出来的强暴专横。在外省有的地方，官吏是由教会挑选和推荐的。

波旁王族及其亲信的地位和威信日益发生动摇。由于他们无力恢复旧的统治、取消革命时期和拿破仑时期制定的民法，他们就用言论、文章、暴躁的鼓动、傲慢的行为去挑唆农民和资产阶级。他们的恐吓和挑拨使整个社会政治形势更为动荡。几乎全体士兵群众和大部分军官，都认为波旁王朝是强加到法国头上来的祸害。

拿破仑领导他们取得空前未有的胜利并使他们享有光荣。对他们说来，拿破仑不仅是一位光荣的英雄、伟大的统帅和半个世界的主宰，同时也是士兵兄弟、小队长，他记得他们的名字，用拉拉他们的耳朵或胡须表示自己的善意。他们始终觉得，拿破仑爱他们，正如他们爱拿破仑一样。

军官们不像士兵们那样仇恨波旁王族。他们被战争弄得筋疲力竭了，他们在寻求安宁。但是波旁王族在政治上不相信这些军官，认为没有必要保留这么多的干部，立即让很多军官退休，只发给他们一半津贴。

波旁王朝用白旗代替了革命时期和拿破仑统治时期的三色旗，这也激怒了士兵和军官。对于拿破仑手下的士兵来说，白旗是流亡国外的叛徒的旗帜。他们还听到消息说，波旁王族还想剥夺农民的土地。

拿破仑清楚地知道这一点。他也知道其他的情况，他得到了关于维也纳会议的消息。他看到，君主们和外交家们要分他的巨额的财产，但是无论怎样分也分不成，并且从法国夺去的他征服的领土，引起了大家的贪欲，使过去的同盟者争吵不休。

梅特涅、路易十八和英国议会对于拿破仑住的地方离法国海岸太近感到十分不安，曾经商谈要把他迁到更远的地方去。但是从厄尔巴岛传出来的是最令人放心的消息，拿破仑几乎足不出户，非常安静；他非常友好地与英国代表坎贝尔进行了谈话，并且告诉他说，现在除了他的小岛，什么东西都不能使他感兴趣。

还在1815年2月初，拿破仑就决定回法国，他要恢复帝国。他坚信整个军队会仍然像以前一样对待他，除了那些在1814年4月劝说他必须退位的元帅之外，还有像达武这样的元帅，无论是退职的还是正在服役的，都鄙视和憎恨波旁王族。他也确信，现在也有许多人十分不满路易十八国王。他懂得并且恰当地估计了农民的情绪，意识到农村中的惧怕心理在日益增长。

1815年2月13日，拿破仑会见了一位青年文官，其实这位不速之客叫弗勒里·夏布隆。他是拿破仑支持派派来的密使，他化装成一个意大利水手，带着外交大臣巴萨诺公爵马

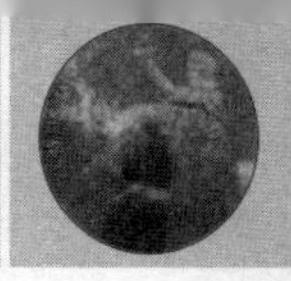

勒的消息来到厄尔巴岛。

巴萨诺公爵委托弗勒里·夏布隆对拿破仑皇帝详细地讲述法国国内正在增长的普遍不满的情绪、从国外回到乡村的贵族们的无耻行为，以及军队几乎都认为只有拿破仑是自己合法的君王，根本不想承认路易十八国王。报告是十分全面的。其实，拿破仑在巴–萨诺公爵的这位使者到来以前就已经知道了很多事情。

在这之后，拿破仑立刻召见了当时在厄尔巴岛上始终跟随他的贝尔特朗将军、德鲁奥和康布罗纳。贝尔特朗和康布罗纳听到他的打算都十分高兴，德鲁奥则怀疑能否成功，但是拿破仑告诉他，他现在不是想打仗，也不是想实行专制统治，他只是希望使法国人民成为自由的人民。

他立刻给将军们发出命令和指示。他说他不是以武器去征服法国，而只是想在法国出现，宣布自己的目的，要求恢复自己的王位。他是十分相信自己的名字的号召力的，他认为整个国家一定会不经过战争、不试图抵抗就马上拜倒在他的脚下。因此，没有武装力量不能成为他恢复王位的一种障碍。为了返回巴黎，拿破仑做了周密的安排，一切准备工作都是在十分秘密的状态下进行的。巧合的是，这时岛上唯一负责监视拿破仑的联军特派员尼尔·坎贝尔上校要离开厄尔巴岛休假两个星期。拿破仑立刻命令自己的3位将军在2月26日把一切准备就绪。

2月26日下午在波托费拉约城，厄尔巴岛的1100名士兵全副武装地向港口开去，并且登上了小船。士兵、军官、将军和拿破仑在小船上各就各位，在夜晚7点钟，小船队顺着

风向开往北方。

第一个危险就是可能碰见经常包围着厄尔巴岛的英国和法国的皇家军舰。这些船只留在那里是为了以防万一，监视厄尔巴岛。

一只法国军舰很近地驶过，船上的军官甚至用话筒和拿破仑所乘的横帆二桅船上的船长互通了几句话。军官问道：“皇帝的健康如何？”

船长回答说：“很好。”这次相遇就这样结束了，因为士兵们都躲藏起来，皇家军舰上的人，谁也没有发现什么。很幸运，根本没有碰见英国人。

船队在茫茫的大海上航行了三昼夜，终于靠近了法国海岸。这一刻，拿破仑心潮澎湃，激动不已，但神色却显得极为凝重。他知道这是最后一次机会了，以生命为赌注而做的最后一搏，一旦输了，就再也没有丝毫机会了。

1815年3月1日凌晨3点钟，小船队在法国海岸儒昂港靠岸了。

第四章

悲壮的末路

- 百日皇朝
- 惨败滑铁卢
- 流放圣赫勒拿岛
- 死亡成谜

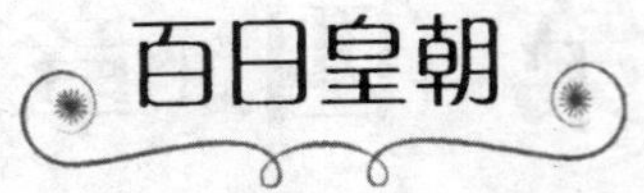

百日皇朝

拿破仑带领800卫士和四门野炮穿山越岭，向北前进，一路无人抵抗。3月7日有惊无险地抵达马尔香德的第七军区驻地格勒诺布尔。因为这里是波帝王朝势力最薄弱的地带。除此外，他们还意外地得到许多村民的帮助。

来到拉弗雷隘口，面对奉命前来堵截的一营步兵，拿破仑豁出了自己的生命。他敞开胸膛，指着心口。一支支枪全垂下了。士兵们纷纷扔掉白色的波帝帽章，跪倒在他脚下，亲吻他的衣服、双手，呼喊着“皇帝万岁！”也许，这是拿破仑一生中最为激动的时刻，他双膝颤抖，双眼噙着泪花。

“大功已经告成！”他对贝尔特朗和德鲁奥说，“10天之后，我将进入杜伊勒里宫。”

面对着狂欢的士兵，拿破仑不禁心潮澎湃，发表了激情的演说：

士兵们！你们一直是法国人民最英勇的护卫者。我也跟你们一样，为了法国的利益，冲破了重重险阻，终于又能与你们一道并肩效力于法国人民了。是你们在过去的岁月中维护了法国人民的民族尊严和利益，今天我依然呼唤你们，人民也依然在盼着你们重新聚集在鹰徽旗帜下，为法国的自由民主而努力！我们今天能在一起消灭干预我们民族自主的敌人，将来，我们就可以自豪地说，是我们捍卫了法国的利益，是我们清洗了法国的耻辱，是我们完成了法国帝业的最后辉煌，这辉煌将永远记在法国士兵的功劳簿上，永远记在法国人民的心中！

拿破仑在法国登陆的消息于3月3日传至巴黎，波旁政府

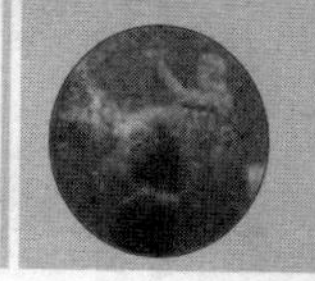

惊恐万状，立即派部队前去阻止拿破仑。

但是，所有派来保卫格勒诺布尔的军队，都一团一团地跑到拿破仑那边去了。拉贝杜瓦耶上校是从3月7日起就驻扎在格勒诺布尔的团队的指挥官，他不是等待拿破仑的到来，而是把自己的团队集合在主要的广场上，在战线的前面大叫："皇帝万岁！"然后带着自己的团队去迎接拿破仑。

拉贝杜瓦耶这样做的时候，还不知道拿破仑是在转到他这方面来的军队和用叉子与旧式武器装备起来的农民群众的陪伴下进入格勒诺布尔的。

在格勒诺布尔，除了少数逃出城外的民众以外，地方当局和各机关的首脑人物都来看他。在接见的时候，拿破仑不断重复说，他决定完全给人民以自由与和平。他强调说，过去他"曾不得不醉心于使法国成为一切民族的统治者的欲望"。他以坚定的语气重复说出下面这些更有代表意义的话：要拯救农民，使之摆脱随波旁王朝恢复封建制度而来的威胁，保证农民的土地不被回国的贵族所侵占。要重新审查自己所规定的国家体制，使帝国成为立宪君主国，真正的有议员参加管理的君主国。

他以前的朝臣大都又回到他身边，如康巴塞雷斯、达武、德克雷、马雷。拿破仑与他们倾心交谈，仿佛他昨日下班今日上班似的。

从这时起，拿破仑的北进变成了一次凯旋式的回归，各地的军队纷纷站在他们伟大的皇帝身后。

国王路易十八再也无法再保持镇静，他知道军队是不可靠的，巴黎警备队的军官和士兵甚至毫不掩饰自己的欢喜。

于是，他决定派也许是除拿破仑以外最受欢迎的内伊元帅与拿破仑相对抗。表面上看来，内伊似乎是完全真心诚意地与波旁王族站在一起的，1814年他比所有的人都更热切地劝说拿破仑退位。

国王召见了内伊。内伊果然表示要坚决反对拿破仑，他认为拿破仑的统治除了给法国带来灾祸以外什么也得不到。但是，在内伊元帅出动之前，传来了新的、令波旁王族感到害怕的消息。军队都不战而倒向皇帝那边去了，一省接一省、一城接一城，都丝毫不加抵抗地拜倒在他的脚下，正在发生的事情是无论如何也预料不到的。

3月10日，拿破仑率队到达里昂。里昂是从财富、人口、政治意义上说来仅次于巴黎的法国第二个大城市。国王的兄弟阿图瓦伯爵和麦克唐纳元帅也到了这里，波旁家族对他们充满希望，正如对内伊抱着希望一样。麦克唐纳截断了桥梁，还匆忙地做了一些防卫工作，并且打算检阅军队，向士兵们介绍国王的兄弟阿图瓦伯爵。

当这个盛大的仪式一切都准备就绪的时候，突然有一位将军来见麦克唐纳，劝他最好快些把君主的兄弟送到一个更为安全的地方。但麦克唐纳并没有听取建议，他带着伯爵去检阅了3个警卫团队，并且在阵前发表了演说。他谈到拿破仑一旦得胜就会爆发同欧洲的新战争，他建议大家欢迎国王派来的阿图瓦伯爵，高呼“国王万岁”，以此表白他们对波旁王室的忠诚。但是，他所得到的回答却是死一般的沉寂。

阿图瓦伯爵十分惊慌地从检阅中跑走，并且飞快地离开了里昂，麦克唐纳自己留下来领导防务工作。士兵们气馁

地、丝毫不卖劲地工作着。

拿破仑的骠骑兵和甲骑兵已经进入城市，麦克唐纳仍然想打仗，他带着自己的军队去迎战。但是当他的团队（走在前面的是龙骑兵）刚一见到拿破仑的甲骑兵，“皇帝万岁”的口号就传到他的耳里，转瞬之间，元帅指挥下的所有部队都和拿破仑的军队混合在一起了。他为了不当自己士兵的俘虏，仓皇地骑马逃出城去了。

在这件事情之后半小时，拿破仑和随行人员进入里昂，和其他城市一样，这个城市也是不费一枪一弹就被拿了下来。这是3月1日他在儒昂港登陆后第9天发生的事情。

3月11日拿破仑检阅了里昂的队列。里昂师原是王室政府特别派来增援的，以便抵抗回来的皇帝。

拿破仑在接见里昂城市当局时又说了他在格勒诺布尔以及在那以前和以后多次说过的话：他要给法国国内自由和国外和平。

他的到来是为了保护和巩固大革命的原则，他懂得时代改变了，从今以后，他只要一个法国就满足了，不再想到侵略。他在里昂签署了一项法令，宣布解散按照波旁王朝制定的宪法进行活动的贵族院和众议院，并废除了波旁王朝对司法机关人员的任命，任命了新的法官。他让大多数地方长官留任原职，这些人原来都是他自己的地方长官，1814年波旁王族不可能也不打算撤换他们。

拿破仑像以前一样没有遇到抵抗，凯旋进入马孔，进入里昂与马孔之间以及马孔与索恩河上的夏龙之间的乡镇。但是，在取得夏龙之前，似乎一定要和内伊元帅进行决定性的

遭遇战。拿破仑深知内伊是怎样一个人。当他从马孔出发并且据报内伊元帅及军队在里昂以北的夏尼附近布防、截断了道路的时候，拿破仑已经不怕打仗了。

3月12日，内伊元帅和他的4个团队还在等待支援。那时，他相信自己的行动是正义的：他认为1814年让皇帝退位是拯救法国的唯一办法。拿破仑退位后，皇帝本人曾决定让元帅们在波旁王朝统治下继续服役。现在，拿破仑破坏了与列强签订的条约，内伊真心认为，他和皇帝进行战斗是正确的。他知道，完全信任他的国王路易十八现在把一切希望都寄托在他的身上。

但是当这位为士兵们喜爱的元帅试图和士兵谈话的时候，士兵们都闷闷不乐地沉默不语。他召见军官和士兵，并且发表演说，军官和士兵对他的回答仍是沉默，他惴惴不安地回到了自己的大本营营房。

3月13日夜晚，内伊得知一个消息，应该从夏龙开来支援他的炮兵部队叛变了，并且和警卫部队（骑兵连）一齐跑到拿破仑那边去了。后来，在黎明时和早晨，又不断传来新的消息，许多城市把保皇党政权赶跑而投向皇帝了，皇帝在向夏尼前进。当内伊正处于激烈动摇中的时候，当他的士兵都愁眉不展、显然不想同他说话、也不想回答他（军官也如此）的时候，他收到了拿破仑送到他营地来的一张纸条，纸条上这样写着：

> 我将像在莫斯科城郊之战的第二天那样接见你。
>
> 拿破仑

内伊元帅的动摇结束了。他命令所有的团队整队集合。

他走到队伍前，从剑鞘里拔出剑来，大声喊叫道："士兵们！波旁王朝的事业永远失败了。法国自己选择的合法的朝代正升上皇位。以后应该由皇帝、我们的君主来统治这个美丽的国家。"

"皇帝万岁！内伊元帅万岁！"呼喊声掩盖了他这几句话。在巴黎，人民几乎是在同一个时候得知拿破仑已经进入里昂并继续向北方推进和内伊带着军队转到那一方面去这两个消息的。政府的以及与统治集团接近的巴黎报纸从过去的自信转为完全泄气和掩盖不住的恐惧。这些报纸在这些日子里随着拿破仑由南至北的进攻，把加在他身上的绰号也逐渐改变了。第一个消息是："科西嘉的怪物在儒昂港登陆。"第二个消息是："吃人魔王向格腊斯前进。"第三个消息是："篡位者进入格勒诺布尔。"第四个消息是："波拿巴占领里昂。"第五个消息是："拿破仑接近枫丹白露。"第六个消息是："陛下将于今日抵达自己的忠实的巴黎。"所有这些文章都是几天之内登在一些同样的报纸上、出于同一个编辑之手的。

3月19日夜晚，拿破仑带着自己的前锋进入枫丹白露。路易十八和全家已在同一晚11点钟逃离巴黎，向比利时边界逃去。

1815年3月20日晚上9点钟，拿破仑在随从人员和骑兵的前呼后拥下进入巴黎，这一天正是拿破仑的儿子小罗马王的4岁生日。

还在离皇宫广场很远的地方，就传来了群众的欢呼声，马车和随行人员被无数群众从四面八方包围起来，不能往

前走了。骑马的近卫军试图打开道路，但毫无结果。人群像发了疯似的冲向皇帝，他们把随从人员挤走，把马车打开，在经久不息的叫喊声中把皇帝抬进宫去，沿着宫里最大的楼梯上楼，抬进第二层楼的房间。

刚刚十分费力地把人群劝离皇宫之后，拿破仑就到自己昔日的办公室来了。他立即处理了来自各方面的事情。在此之前24小时，国王路易十八还在这里。

拿破仑比谁都更清楚地知道，和第一次统治时期一样，他的统治再度带来的不是和平而是刀光剑影，而被他的突然出现所震惊的欧洲，这次一定会竭尽一切来阻止他集合自己的力量。

拿破仑郑重其事地向群众许诺说，从自己新的统治时期开始，他要给法国带来自由与和平。他公开地、大声地宣

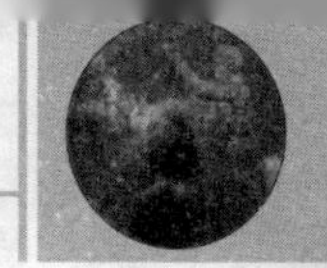

布，并且在格勒诺布尔、里昂、巴黎多次反复地说过，他在自己第一次统治的时候，没有给法国带来自由与和平，而现在他要让法国和欧洲人知道他拿破仑是多么热爱自由和热爱和平。

拿破仑具有卓越的权衡轻重的才能，他十分清楚地知道，如果他不经过任何斗争，赤手空拳地在几天之内就夺回了法国的皇位，那么这也并不是因为大家一下子被他关于和平和自由的许诺所迷惑了。大家抛弃波旁王朝是有另外的原因的。他十分清楚地知道，他的成功在很大程度上是由于他对农民，即全国绝大多数的人民做了许诺。

农民是容易满足的，对于他们说来，拿破仑是彻底废除封建主义和保证农民对土地的私有权的象征。诚然，农民还希望不再有战争，不再抽丁抓兵，当皇帝谈到自己未来的和平政策的时候，他们已经在洗耳恭听了。

但是这个问题无论如何都不是最重要的问题，最重要的是拿破仑明白，在经过11个月的波旁王朝的君主立宪制和报刊享有某些自由之后，城市资产阶级希望从他那里得到哪怕是最起码的一点点自由；拿破仑必须尽快把他在向巴黎前进并且装扮成一个革命将军时所提出的政纲加以阐明。

拿破仑还收到了很多老雅各宾党人的祝辞，他们是在他第一次统治时期避开了追捕而逃到外国才活下来的。他们现在祝贺他，把他看成是反对波旁王朝、僧侣、贵族、神父的革命积极分子的代表。达武元帅是拿破仑所喜爱的人，拿破仑一回来后，马上就任命达武为国防大臣。

但是，拿破仑心中也有担忧，正如1812年他在克里姆林

宫时害怕俄国的农民革命一样，1815年他在杜伊勒里宫时也害怕来自农民的革命运动。在革命时代取得胜利的那个阶级，即法国的大资产阶级，才是使拿破仑感到亲切并了解其愿望的唯一阶级，拿破仑是这个阶级的主要代表者及其利益的巩固者。

他正希望以这个阶级作为自己的支柱，准备为了这个阶级的利益进行斗争。拿破仑在自己重新登基以后不久，就召资产阶级愿望的表达者邦雅曼·贡斯当进宫，向他垂询有关实行自由主义国家的改革问题，这种改革将会满足资产阶级，同时还能遏制正在抬头的雅各宾党人。

拿破仑当时和以后都十分清楚地意识到，这时只有革命气氛的高涨才能帮助他，而完全不能靠温和的自由主义的立宪的文饰。但是拿破仑甚至拒绝造成1793年的那种情况，拒绝造成他自己也承认的革命的强大力量，却命令去寻找躲藏起来的自由主义者、理论家和政论家邦雅曼·贡斯当，把他带到宫里去。邦雅曼·贡斯当之所以躲藏起来，是因为在拿破仑进入巴黎的前一天，他还在报上说拿破仑的归来是社会的灾难，而拿破仑本人则被他比喻为古罗马的暴君尼禄。

邦雅曼·贡斯当到这里来不是毫无恐惧的，但是后来他却非常高兴地知道，他不仅不会被枪毙，而且拿破仑还要重用他，让他立刻为法兰西帝国制定宪法。

4月6日，皇帝召见贡斯当，4月23日宪法就制定好了。拿破仑希望以此确立他的第一个统治时期和第二个统治时期之间的继承关系。邦雅曼·贡斯当只是把国王路易十八在1814年颁布的宪章即宪法拿来稍加修改，使它带有较多的自由主义的色彩。

拿破仑于4月23日公布了新宪法。拿破仑希望在战争问题尚未解决以前，推迟选举和推迟召开议会。但是自由主义的资产阶级极力请示皇帝尽快召开议会。拿破仑同意在5月25日并指定在“五月广场”召开，宣布皇帝的新宪法付诸全民投票的结果，然后将分发国民卫队的旗帜，并且举行议会会议。

当天，全民投票的结果，是1,552,450票赞成新宪法，4,800票反对。分发旗帜的仪式不是在5月26日而是在6月1日举行的，这一场面是多么庄严而又激动人心；新选举的议会同以前一样，叫做立法院，它于6月1日正式开会了。

人民代表一共开了一个半星期的会，拿破仑已经不满意他们甚至有些愤怒了。他不能容忍对自己权力做任何限制的做法，甚至不能容忍任何独立行动的迹象。议会选举朗热内为主席，他是个温和的自由主义者，过去是吉伦特派人。朗热内肯定是倾向于拿破仑而不倾向于波旁王朝的，拿破仑却不十分赏识他。

拿破仑在接受立法院的最恭顺、最尊敬的祝辞的时候说道：“我们不要仿效拜占庭的例子，拜占庭受到野蛮人各方面的压迫，成为后代耻笑的对象，他们当破城槌已经打到城门上的时候，还在进行抽象的讨论。”他是在暗示欧洲同盟的军队已经从四面八方开往法国的边境。

狂喜和激动过后，面对空荡荡的宫殿，拿破仑的内心也感到了冷清和孤寂。他询问给约瑟芬治病的医生，想了解她去世时的所有细节。最令他伤心痛苦的是他深爱的妻子路易

丝。他一直都以为她们母子被同盟国挟持，但从维也纳被驱逐出来的梅纳瓦尔为他揭开了真相。原来玛丽是自觉投靠了盟国的保护伞之下，并把孩子托付给了奥皇，一心一意地和自己的新宠甜蜜相处。

可实际上，拿破仑即将没有心思考虑这些了。

惨败滑铁卢

聚集在维也纳的同盟们是在3月7日得到拿破仑重新登陆法国的消息的。他们错愕惊慌，立即停止了关于土地分配的争吵，一致宣布拿破仑为“和平的扰乱者”，并决定重新集结军队，驱赶那个篡位者。于是，奥、英、普、俄四国再次组成反法同盟，英荷联军由威灵顿公爵指挥，费用由英国负责。

对这一切，拿破仑早在厄尔巴岛作部署的时候就已料到。所以，他在回到巴黎的第二天便积极地恢复其军事力量。3月23日，由于路易十八统治时期几乎没有储备任何的武器弹药，于是，拿破仑立即下令兵工厂生产15万支步枪，而凡尔赛兵工厂是其的两倍。同时，波旁王朝废除了征兵制，对原有军队做了大量裁减，所以，拿破仑不得不想方设法召集那些或被裁、或复原、或遣返的战俘，直到4月30日，拿破仑对军团的组建才算基本完成。包括四个新军团——北方军团、摩泽尔军团、莱茵军团和阿尔卑斯军团，每个军团由四个军和三个骑兵师组成，是拿破仑亲自指挥的

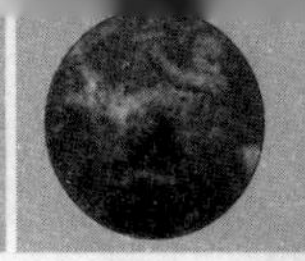

主力军；另外还有三个“观测军”保卫着侏罗、瓦尔和比利牛斯边境。

拿破仑的战略方针只有一个，也仅此一个——尽早发动攻势！拿破仑估计奥俄两国的军队6月底以后才可能渡过莱茵河，所以，他必须在这之前击败对巴黎最直接的威胁、来自比利时西部的威灵顿的部队和占领该国东部的布吕歇尔的普鲁士军队。

基于此，拿破仑决定先发制人，出其不意，以快制敌。大军团部署完成后，拿破仑即于6月12日清晨离开巴黎，当晚到达拉昂。在这里他会见了正努力组建骑兵预备队的格鲁希。

对于法军4个骑兵军还未开往边境，拿破仑有点恼火，因为他的参谋长苏尔特未给骑兵作任何指示。

两天后，拿破仑经阿韦纳进至博芒特，在这里他颁布了一道详细命令，要求部队次日拂晓开始行动，夺取桑布尔河上的桥梁，并使全军渡过此河。该桥为普军把守，法军没费多大力就击退了普军。

当日下午，法军士兵又炸毁了普军在沙勒罗瓦桥上的障碍物，部队才全部渡过桑布尔河。

拿破仑的法军从桑布尔过河使威灵顿大出意外。他原以为法军会取道莫伯日和蒙斯的布鲁塞尔进军。而布吕歇尔对法军的入侵虽然反应很快，但他接着下令将分散的部队集结到沙勒罗瓦东北12英里的桑布里费，这又是一个失策。

6月15日下午，一直闲着没事的内伊元帅来到沙勒罗瓦向拿破仑报到，拿破仑随即口头命令内伊指挥部队左翼，向

北进至哥西里斯，扫荡驻守该地的普军后卫。内伊立即遵命进至哥西里斯，普军东退至费劳拉斯。与此同时拿破仑也给格鲁希元帅下达命令，令其指挥右翼，将普军逐至马斯特里赫特。

6月16日，拿破仑在给内伊的指示中又写道：

我正令格鲁希元帅率第三军和第四军前往桑布里费，并将近卫军部署于费劳拉斯，我将于午前抵达该处。我将攻击一切遭遇之敌，扫清道路，直达耿布劳斯。在那里，根据事态的发展，将于下午3时或傍晚再作出有关决定。新的意图是一旦作出决定，你必须准备好向布鲁塞尔进军，我将以近卫军支援你，届时近卫军可能位于费劳拉斯或桑布里费，而我则希望明晨进驻布鲁塞尔。你的先头师应在卡特尔布拉斯以外5英里，其余6个师则应在其周围地区……在这次战役中我所采取的总方针是将部队分为两翼和一个预备队。你这一翼将由第一军的4个师、第二军的4个师、两个轻骑兵师和克勒曼骑兵军的2个师组成，共约4.5万～5万人。格鲁希元帅将指挥右翼，其兵力大体相当。近卫军担任预备队。

我将视情况在两翼之间来回移动。

这些指示已十分清晰地说明了拿破仑的作战计划，他想象着格鲁希将军将普军逐至马斯特里赫特，而他自己则将以内伊为前卫进军布鲁塞尔。可是，命令发出不久，就收到了格鲁希的回信，说兵力强大的敌人已经到来。

上午11点半，拿破仑认为土地已经相当干燥了，这时他才命令开始战斗。法军用84门大炮猛烈攻击英国军队的左翼，同时，对英军右翼的乌蒙城堡采取火力较弱的佯攻，并且在内伊的指挥下开始全面进攻。

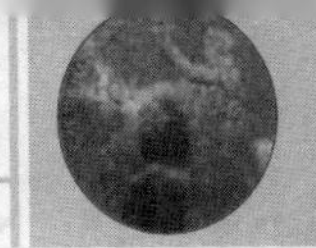

而拿破仑不知为什么，竟把整个进攻的指挥权交给了内伊，这真是一个致命的错误，似乎也是灾难的前照。虽然内伊作战勇敢，但他刚愎自用，反复无常，缺少战术意识，而且以前在耶拿、包岑和邓尼维茨会战中，因为他的失误，曾多次造成不良的后果。

就在前一天，在卡特尔布拉斯他又丧失过一次极好的战机。拿破仑不知为何没有亲自指挥作战。内伊受命指挥，又盲目地率领法国纵队冲向缓坡，迎着枪林弹雨正面攻击英军方阵，结果损失惨重，不得已而后撤。

此时，拿破仑还有一个不智之举，就是让他最小的弟弟热罗姆指挥雷耶军的第六师。热罗姆以往在征俄战役中就曾弄得一败涂地，此时他又率部对霍左蒙特的敌军发动毫无必要的进攻，对这一目标本应是迂回作战的。

雷耶感到有义务支援他，将一个又一个旅徒劳无益地投入攻夺该地的战斗中，而且始终未能攻下。

与此同时，德·艾尔隆军在内伊的催促下，夺取密集纵队进攻威灵顿中央的拉海圣，结果被尤布里奇的2个骑兵旅冲垮，损失惨重。

现在，拿破仑又面临着增援而来的布吕歇尔的威胁。这位老将带着比罗、皮尔赫和齐腾的生力军。其实，在这之前，一支法军骑兵巡逻队捕获了一名送信的普鲁士军官，从他身上搜出的一封信中便得知，布吕歇尔正在准备与威灵顿会合。拿破仑当即命苏尔特迅速给格鲁希送去第二份通报：

目前我们正在苏瓦纳森林前面的滑铁卢附近交战。敌军中央位于圣让山。因此，请立即移军与我右翼会合。

再者，截获的敌军信件表明，比罗将进攻我军右翼。我们认为可以遥望已在圣朗贝特山顶之上的该部。所以请不失时机地向我靠拢，与我协同作战，粉碎比罗。在此次行动中，比罗终将成为你的猎物。

一名军官携带这份命令出发，由于道路状况不好，从下午2点15分走到下午6时才抵达格鲁希的司令部，而且喝得醉醺醺的。当时格鲁希与提里曼鏖战正急，也无法行动。

法国师团一个接一个地从正面投入战斗，损失惨重。苏格兰的骑兵冲入这些师团，杀死了一部分人。拿破仑看见了这场格斗和师团的失败，便亲自骑马跑到别尔·阿良斯农庄附近的高地上去，派遣米约将军的几千名甲骑兵到那里去。苏格兰人在损失了整整一团人之后被击退了。

这次进攻打扰了几乎整个德·艾尔隆军团。英国军队的左翼没有被摧毁。于是拿破仑改变自己的计划，把主要的打击目标转到英国军队的中路和右翼。

在3点半钟的时候，圣特农庄被德·艾尔隆军团左翼的师团占领了。但是这个军团没有力量扩展自己的战果。

此时拿破仑理应中止对威灵顿阵地的正面进攻，而集中全部骑兵掩护右翼，攻击普军的先头部队。他的确从总预备队中抽调部分兵力向弗里西蒙运动，包括洛鲍的第六军和多蒙、絮贝维埃2个轻骑兵师。洛鲍军仅有2个师，计7000人，因为此前拿破仑已将其特斯特师调至格鲁希的右翼。

大约下午4时30分，比罗的前卫从普朗努瓦前面的森林冲出，这样，洛鲍的当面之敌达3万之多，而且敌军后面还有皮尔赫军2.5万多人。洛鲍被逐出了普朗努瓦。

在此危急关头，内伊没有接到拿破仑的指示，竟擅自

率领米尔豪德的骑兵军和对拉海圣和霍古蒙特之间的英军方阵发起一系列冲锋；这5000骑兵的冲击的确锐不可当，他们实际上已突破方阵，夺取了若干炮兵阵地，但是在尤布里奇的骑兵队的反冲击下又狼狈而回。尔后，克勒曼的骑兵军为支援米尔豪德也曾发起冲击，从未让这两个兵种互相协同联合作战。

下午6时，拿破仑再次铤而走险，试图突破威灵顿的正面；他命令内伊再做一次努力夺取拉海圣。由于守军弹药耗尽，戴尔隆的2个师终于拿下了这个目标，但内伊的骑兵也全都精疲力尽，未能扩大战果。

下午7时，会战进入高潮。普军在普朗努瓦已集结了大量兵力，并威胁着法军的退却线。

拿破仑手中现在只剩下唯一的预备队——老近卫军。他孤注一掷，把其中2个营用于驱逐普朗努瓦的普军，而将8个营交给内伊做最后挣扎，想突破威灵顿的防线。

但内伊不去扩张拉海圣已被撕开的口子，而是向左攻击英军近卫步兵据守的防区，当法军进入阵前20码以内时，英军突然弹雨迸发，法军近卫军顿时伤亡惨重，溃不成军，落荒而逃。

拿破仑手里的最后一点预备队打光了，威灵顿的英军却发出号令全线反击。拿破仑的军队放弃了战斗，他不得不随军败走。

滑铁卢一战，法军伤亡人数约有2.5万人，8000人被俘虏，其余大部分逃散了。220门大炮成为废铁被丢弃在沉寂的战场上。联军方面，威灵顿军团死伤1.5万人，布吕歇尔军团死伤7000人。

法国彻底地战败了，曾经几乎插遍了欧洲大陆每一个角落的鹰旗在这凄凉的夜风中无声地跌落了。

拿破仑这只帝室雄鹰，曾经叱咤风云，不可一世，带领法军飞跃了一片又一片战场，如今已被彻底折断了双翼，连同这鹰旗一起永远地陨落了。

流放圣赫勒拿岛

再也无法展翼的拿破仑在滑铁卢之战后失魂落魄地回到巴黎，并不为自己的王位而战，而是放弃了自己的一切阵

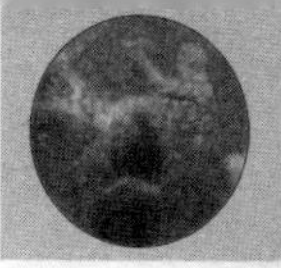

地。他感觉到他的角色已经扮演完了。

6月21日早晨回到爱丽舍宫时，他筋疲力尽，不愿多说一句话。卡尔诺建议议会宣布拿破仑专政。达武建议干脆宣布议会休会，并且解散议会。拿破仑拒绝这样做，议会照常开会，并且根据重新登上历史舞台的拉法叶特的建议，宣布议会是不能被解散的。

6月21日、22日、23日，工人区聚集了一大片一大片的人群，他们大声疾呼，坚决反对皇帝退位，要求与日益逼近的敌人作军事斗争，维护国家和人民安全。

在6月21日的整个白天和几乎整个夜晚，以及6月22日整天，游行队伍高呼："皇帝万岁！""打倒叛变者！""拥护皇帝或者死亡！""不需要退位！"但是拿破仑已经不想斗争，已经不想统治法国了。

在巴黎，受惊的金融家、商会会员、银行家也在举行会议，交易所里一片惊慌的场面。拿破仑可以清楚地看见，资产阶级抛弃了他。他在自己整个统治时期所依赖的那个阶级叛卖了他，这样他就拒绝了继续最后的斗争。

6月22日，他第二次退位。持续了100天的帝国皇朝结束了。

6月27日晚上，巴黎城又来了不少人和他告别。他单独接见了迪夏泰尔夫人，他们在书房度过了很长一段时间。这位忠心耿耿的妇人脸色苍白，神情严肃，尽管痛苦不已，但她仍然镇定地在皇帝面前掩饰住了自己的所有伤心和悲痛。

6月28日，退位的拿破仑已经决定坐上一只停泊在罗什福尔港的巡洋舰到美国去；根据海军大臣的命令，那里已经预备了两只巡洋舰供皇帝这次旅行用。

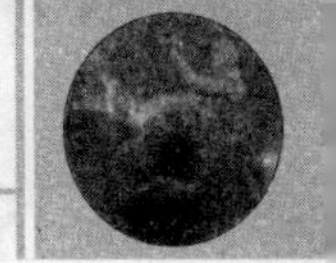

当7月3日早晨8点拿破仑到达罗什福尔的时候，巡洋舰已经准备停当了，但是却不能出海，因为英国的舰队严密地封锁了港口。拿破仑开始等待。显然，他自己也拖延了一下行期。有人向他建议，不要坐巡洋舰，可以秘密地坐上一只小船。他不希望那样做。

罗什福尔城的人知道皇帝到来了，每天都有几千人接连几小时聚集在皇帝的窗子下面，高呼“皇帝万岁！”最后，7月8日，他登上了两艘巡洋舰中的一艘，开出海去。但是巡洋舰在罗什福尔城的稍偏西北的一个叫做埃克斯的大岛边停下来了，要继续前进已不可能，因为英国的舰队封锁了通往大洋的一切出口。

当两只法国船上的水兵和军官们知道皇帝可能落入英国人手里的时候，全体人员哗然。另一只巡洋舰的舰长波内对蒙托隆将军讲述了自己的计划：他的巡洋舰“美杜莎”号在夜晚去攻击“别列洛风”号并和它开战，这将占去和牵制英国人两小时。

当然，“美杜莎”号在这两小时以后会毁灭，但是在这两小时之内，另外一只载着皇帝的巡洋舰“沙阿列”号可以冲入大洋，因为其他的英国舰队离“别列洛风”号很远，而那些离得近的船只又太小，不可能截住巡洋舰“沙阿列”号。“美杜莎”号的水兵和军官们都表现了充分的牺牲精神，以便拯救皇帝。

拿破仑知道这个建议后不同意作这样的牺牲，他现在已经不是皇帝，表示为了拯救个人的生命而牺牲法国巡洋舰及舰上全体人员是绝对不行的。

后来，拿破仑离开巡洋舰“沙阿列”号，到了埃克斯岛。在那里，几个年轻的军官打算用一只小船把皇帝偷偷送走。但是拿破仑已经决定把自己的命运托付给英国。

1815年7月25日，拿破仑坐上了一只横帆二桅船——“雅什特列布”号，这只船要把他带到“别列洛风”号上去。他身上穿的是他始终喜爱的近卫轻骑兵的制服，头戴三角帽。“雅什特列布”号接近“别列洛风”号后，梅特兰船长在梯子的下端迎接了皇帝，向他低头鞠躬。

拿破仑登上船，看见了在他面前列队的英国军舰的全体人员，梅特兰向他介绍了自己的部下。随后，拿破仑走进梅特兰为他准备的船上最好的房间。

英国人是绝不会给他另一个东山再起的机会的。甚至当他还被流放在厄尔巴岛的时候，他说曾得到这样的报告，说他的敌人们正在维也纳开会，考虑把他流放到一个更遥远的海岛去，当时就已经提到了圣赫勒拿岛的名字。

具有讽刺意味的是：1804年，正当拿破仑处于他的权力的最高峰的时候，他也曾考虑过，要派遣一支海军远征队去占领这座圣赫勒拿岛。“占领这个目标需要1200～1500人”，他这样估计道。如今，英国人为了看守他，却派出了比他原来的计划多一倍以上的兵力。

英国人已经告诉了他在这次流放中，最多只能带3名官员和12名侍者同行。结果，他挑选了贝尔特朗、蒙托隆、拉斯卡斯以及古尔戈4名官员。

其中拉斯卡斯是一个新来的人，出身于一个旧贵族的家庭。他有两样有用的资本，一是英语说得流利，一是文章写

得好。他们要在一起撰写一部回忆录。12名侍从以路易·马尔商为首。

此外，拿破仑还挑选了一位医生，他是“伯雷勒芬”号舰上的医生，名叫巴利·奥默阿拉，是一位天主教徒，24岁。拿破仑在舰上和他混熟了，奥默阿拉接受了拿破仑的邀请，愿意跟他到圣赫勒拿岛去。

8月7日，拿破仑带着他这个经过压缩的由27人组成的奇形怪状的混杂班子，换乘了一艘新船“诺桑伯兰”号，向圣赫勒拿岛驶去。

经过67天航行后，这一行流放者看见了圣赫勒拿岛。军医瓦尔特·亨利写道：

> 这个海岛是人类所能想象得出的最丑恶、最荒凉的石头岛。它的崎岖不平、支离破碎的地面，就像是从海洋深处冒出水面的一个毒瘤。

拿破仑一言不发地凝望着。马尔商回忆道：

> 他像这样子审视了几分钟之后，便回到他的舱房去，不置一词。从他的表情，丝毫看不出他的心里在想些什么。

圣赫勒拿岛是1502年由葡萄牙人发现并占有的，现在则由英国东印度公司管理。它距离南非的开普敦1750英里，距离南美洲1800英里，距离英国4000英里，离它最近的陆地，是700英里外的亚森欧岛——也是空阔的大西洋上另一个属于英国的火山岩小岛。

这个小岛只有10英里长，7英里宽，有居民4000人，其中包括1000名英军。现在，由于拿破仑的到来，驻军的人数增加到3倍。在那些居民中，欧洲人不到800人，其余的都是黑人、中国人和东印度水手，而黑人中有四分之三是奴隶。

拿破仑在岛上的最初一个多月里，住在一所名叫“荆园”的小别墅里。在那里，他上午口授回忆录，晚上则经常与邻居巴尔科姆一家共同进餐和消磨就寝前的时光。巴尔科姆先生是一个上了年纪的商人，奉命为拿破仑一伙人经办膳食。夫妇俩殷勤好客，两个女儿，一个15岁，一个14岁，经常和拿破仑玩“惠斯特”牌，或向他提些稚气十足的问题，这使他晚上过得颇为愉快。

一个多月后，拿破仑搬进了一所名叫“长村”的新住宅。新住宅有5个房间归拿破仑用，3间归蒙托隆一家，2间归拉斯卡斯父子，还有一间给古尔戈。房子坐落在海拔1730英尺的高地上，空气清爽，在这块点缀着桉树的平地的另一边，延伸着宽达一英里半的跑马场。在新居所，拿破仑无须英国军官跟随可以自由活动的范围，被限定在周界约12英里的三角形地带。

拿破仑一伙的来往信件都必须由代总督审查。过了不久，到1816年4月14日，新总督赫德森·洛爵士抵达圣赫勒拿岛。这位新总督上任后，对拿破仑管护的措施更为严密，拿破仑为此对新总督充满了憎恨。随着长年累月日复一日的时间推移，拿破仑一伙人的生活越来越黯淡。

他身边的人有好几位耐不住寂寞苦楚，终于离他而去。

死亡成谜

从一踏上军事生涯的道路开始，他的体魄就注定了要在奔波和驰骋中才能健壮。无日无夜地躺在又潮湿又狭窄的房间里，除了面对一个冒烟的火炉，看不到一个来访的客人。

1815年5月份的一天，难受得无法忍受的拿破仑终于派人叫来了奥默阿拉医生。

从1819年起，拿破仑的病就越来越多了。1820年病情加剧，在1821年初，拿破仑允许来为自己治病的医生发现其病情相当严重，他只能有时出来散步了。

从1821年3月开始，拿破仑时常感到肝部异常疼痛，而且发作的次数逐渐增多。

4月5日，阿诺特医生通知拿破仑的随从人员说，病人的情况十分严重。当疼痛稍稍减轻的时候，拿破仑力图让大家心情轻松些，就对自己的病取笑说："病是从内部来的滑铁卢。"

4月13日，他命令蒙托隆记下他口述的遗嘱。4月15日，他亲自抄写了这个遗嘱，并在上面签了字。

4月21日晚上4点钟，他突然口述了一个改组法国国民近卫军的方案，以便在保卫领土不受侵犯时能够最合理地使用它。

5月2日，医生告诉随从人员说，死神已经十分临近了。5月5日傍晚，拿破仑在半昏睡状态中从床上跳下来，倒在了身边人的身上。他们把拿破仑抬起来后，他再也不能恢复知觉了，接连几小时都躺着不动，睁着眼睛，没有呻吟。他以前在最疼痛的时候也几乎不呻吟，而只是辗转反侧。在拿破仑的房间里，聚集了他的随从人员和仆人，有的在床边、有的在门边。拿破仑动了动嘴唇，但是人们几乎什么也听

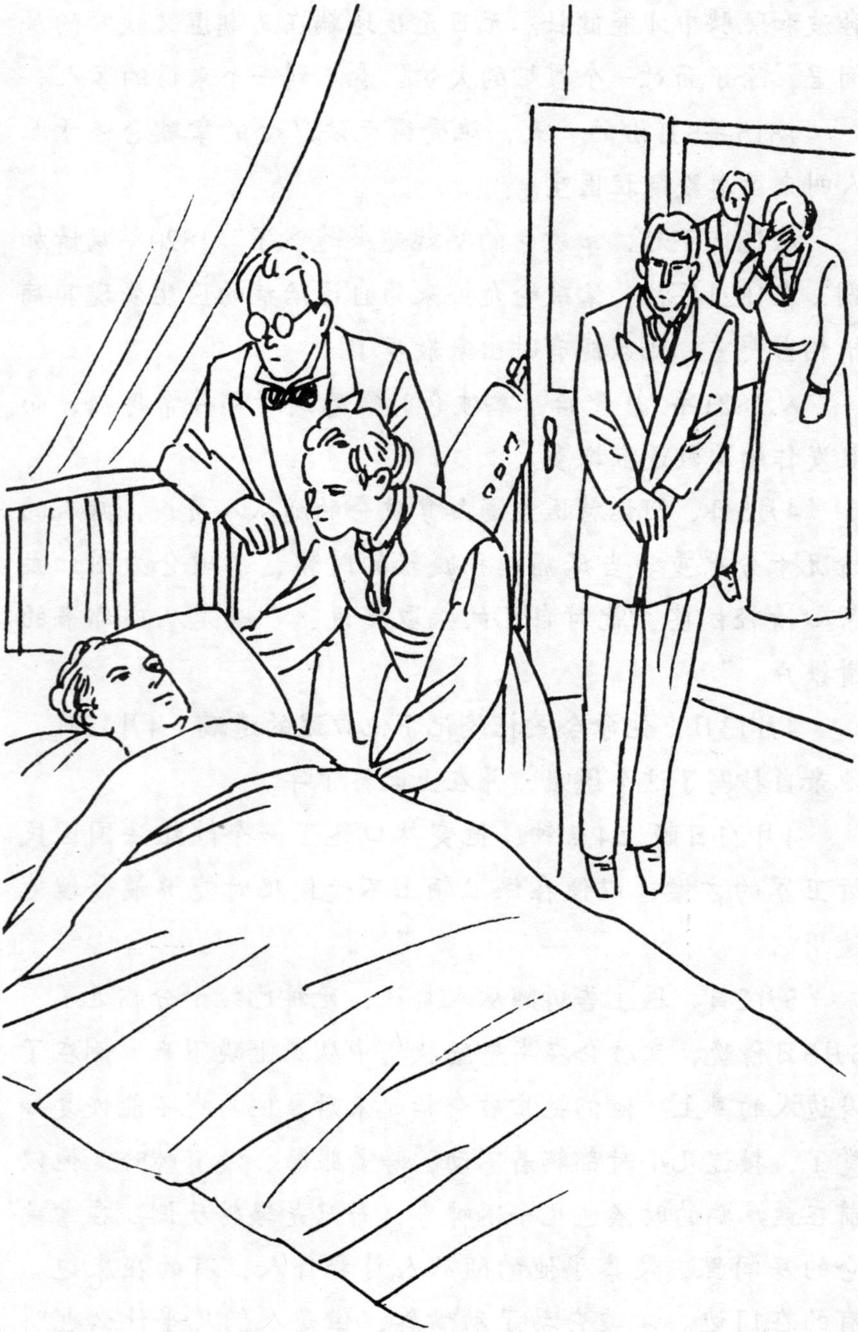

不清。

离床很近的人听见拿破仑的最后的话是："法兰西……军队……先锋……"

1821年5月5日下午6点钟，黄昏之前，拿破仑与世长辞了。哭泣着的仆人把拿破仑所保存的、在1800年5月14日马伦哥战役中所穿的大氅盖在他的身上。然后，总督和军官们走了进来，向死者低头致哀。

由于英国当局不同意遗骸返归故里，波旁王朝更怕拿破仑的归来闹出一场"死人革命"，于是，4天以后，遵从拿破仑生前的第三遗愿，将拿破仑安葬在圣赫勒拿岛一处有一股清泉、两棵垂柳的幽谷中。

半个月后，拿破仑的随从们登上了一艘"骆驼号"的英国船，离开了大西洋里这座他们几乎度过了6个年头的孤岛，开始回到欧洲去。

当"骆驼号"在海上航行到第59天，即7月25日时，船已进入欧洲水域，这正是拿破仑安排好拆读他遗嘱的时间。于是船长蒙托隆将马尔商、贝尔特朗、神父安格罗·维格等人叫进他的舱房，当着大家的面刮掉他手里一份文件的封蜡，用钦差宣读圣旨一样的声调，高声流利地朗读了拿破仑的遗嘱。在这份遗嘱中，拿破仑将自己的遗产部分赠给了那些与他共过患难的下属作纪念。就连他记忆所及，在他的事业的早期阶段为他服务过的人们，也得到他的一笔较小的遗赠。在拿破仑身边服务的侍从，如马尔商等人，都得到了拿破仑不薄的遗赠。

过了许多年，在瑞典、在美国，许多医学专家对当年拿

破仑的死是病魔作祟，还是被害身亡提出了质问。

这个质问的提出在欧洲乃至世界曾掀起过哗然大波，由于当年有人带出的拿破仑的头发保存完好，使这质问有了可信性。医学专家们认为，当年拿破仑在圣赫勒拿岛并不是被肝炎、胃癌夺走了生命，而是在英国权贵的旨意指使下，用砷（shēn）毒杀了拿破仑。

医学专家们指出，砷这种药物，早在古代就已为人熟知了。拿破仑以前的几百年间，它在法国特别流行。

在许多情况下，砷是投毒者的一种理想工具。若反复使用很小的剂量，可以使人慢性中毒，时间可以持续几个月或几年。而其小毒症状却不易被诊断出来。

在拿破仑的病案记录中所描绘的胃痛、呕吐、常常发冷、日渐肥胖等症状，恰恰都是砷慢性中毒的常见症状。而且拿破仑的肝脏肿大，亦无别的原因可追寻——除了砷慢性中毒。专家们还指出，当拿破仑长眠20年后——即1840年12月，法国奥尔良王朝的路易·菲利普派其儿子将拿破仑的遗体接回法国，并安葬到塞纳河畔的荣誉军人院。坟墓挖开后，人们发现拿破仑的尸体依然完好无损。按常规，一具尸体经过20年是一定会化成白骨的，而拿破仑的尸体正因为体内贮存了大量的砷，从而使其腐烂过程大大减慢了。

拿破仑的死亡之谜就这样被破译了。历史学家和文学家们为此都怦然心动。他们中有人曾这样评述过他：“这个最终把无数人的向往与思念引向南大西洋那块孤独的岩石的人，必将永远立于人类历史上千古不朽者的最前列。”

但毕竟，一切风暴都停息了，太阳又放出了一阵灿烂的

光辉。一颗伟大的帝星，就这样划破夜空，悄然陨落了，然而其熠熠之光必将永载人心。

就像拿破仑自己说的：

天才就像流星，注定要为照亮自己的时代而燃尽本身！

拿破仑 生平大事年表

1769年 8月15日 拿破仑出生于科西嘉岛阿雅克修城的一个败落的贵族家庭。

1785年 10月30日 入陆军，以少尉衔毕业后，服役于瓦朗斯“拉费尔炮兵团”。

1789年，法国爆发了资产阶级革命，拿破仑同情革命，一时成为雅各宾派的拥护者。

1794年 1月14日 被任命为少将、炮兵旅长。热月政变发生后，雅各宾派共有103人遇害，拿破仑亦受牵连，于8月5日被捕。后经审讯，无罪释放，但被免去少将、炮兵旅长职衔。拿破仑一时困居巴黎。

1795年 10月4日 巴黎发生保王党人的武装叛乱。拿破仑用大炮一举击垮了叛乱者，挽救了危局，是为“葡月革命”。督政府晋升拿破仑为陆军少将、巴黎卫戍副司令。

1796年 3月2日 被任命为法兰西共和国意大利军司令官，从此开始了独立作战的生涯。3月9日，与巴黎著名交际花约瑟芬匆匆举行了婚礼。

1799年 11月9日 （雾月十八日）拿破仑发动政变，推翻督政府，建立三人执政。

1800年 6月14日 拿破仑在马伦哥大败奥地利军，迫使第二次反法同盟解体。拿破仑利用欧洲大陆短暂的和平，励精图治，发展国力，一时间法兰西共和国出现了繁荣昌盛的局面。

1804年 3月21日 拿破仑正式颁布《法兰西共和国民法典》；5月18日，《共和十二年宪法》颁布，宣布法兰西共和国为法兰西帝国，拿破仑为帝国皇帝。同年，12月2日，拿破仑在巴黎圣母院举行加冕典礼，称拿破仑一世。

1805年 8月9日 奥、英、俄结成第三次反法同盟，拿破仑率军东进应战，取得了乌尔姆、奥斯特里茨等大战的胜利，俄皇、奥帝狼狈而逃。

1806年 秋，英、俄、普等国组成第四次反法同盟。法军大败普军，10月27日，法军进占柏林。接着，东击俄军。

1807年 6月14日 拿破仑大败俄军，俄皇被迫求和。

1809年 初，因对付普、奥等国的第五次反法同盟，拿破仑不等西班牙战事结束，匆匆率兵一部回国。

1810年 3月 拿破仑与奥地利长公主玛丽·路易丝结婚。拿破仑帝国达到极盛时期。

1812年 6月21日 50万法军兵分三路进入俄罗斯。但以失败告终。

1813年 欧洲第六次反法同盟成立，合力进攻法国，最终，法军在莱比锡战役中战败。

1814年 4月6日 拿破仑被迫签署退位书，后被流放到意大利的厄尔巴岛。波旁王朝复辟。

1815年 3月20日 拿破仑重返巴黎，建立“百日王朝”，25日，英、俄、普、奥等国组成第七次反法同盟。

1815年 6月 法军在滑铁卢战役中覆没，拿破仑第二次退位。10月，被流放至圣赫勒拿岛。

1821年 5月5日 拿破仑在圣赫勒拿岛上病逝，终年52岁。

1840年 12月15日 拿破仑遗体运回法国。